從宮城出發

佐藤健&神木隆之介的兩人旅行

佐藤健
神木隆之介
蔡孟婷　譯

二〇二一年夏天，人們面對肉眼看不見的病毒，
努力從中找出新的生活方式，在困境中求生存。

對變化無常的未來充滿不安的同時，
我們想起的是十年前遭受災害重創的東北居民。

面臨大自然的無情猛襲，他們仍不氣餒地向前看，
一步一腳印堅定前進的身影，
讓人感受到其中或許有值得學習的地方。

二〇一一年，想試著出一份力的我們前往氣仙沼、石卷、松島……
帶著難以言喻的複雜心情在當地進行志工活動，
轉眼已是十年前的事。

這一次懷抱著與當年不同的心境，再度造訪宮城。

結束這趟旅程，此刻我們有了更深刻的體悟——

十年這個時間點並不是「告一段落」，而是「新的開始」。

在這趟旅途中觸及了不容被遺忘的回憶，得到眾多啟發。

對我們而言，彷彿又是一場全新旅程的起點。

誠摯希望能透過這本書，與各位讀者分享這份心情。

以「了解」為出發點，跨出新旅程的第一步。第一站，從宮城出發。

佐藤 健／神木 隆之介

松島 MATSUSHIMA → 鹽竈 SHIOGAMA

宮城（みやぎ）

10 20 30km

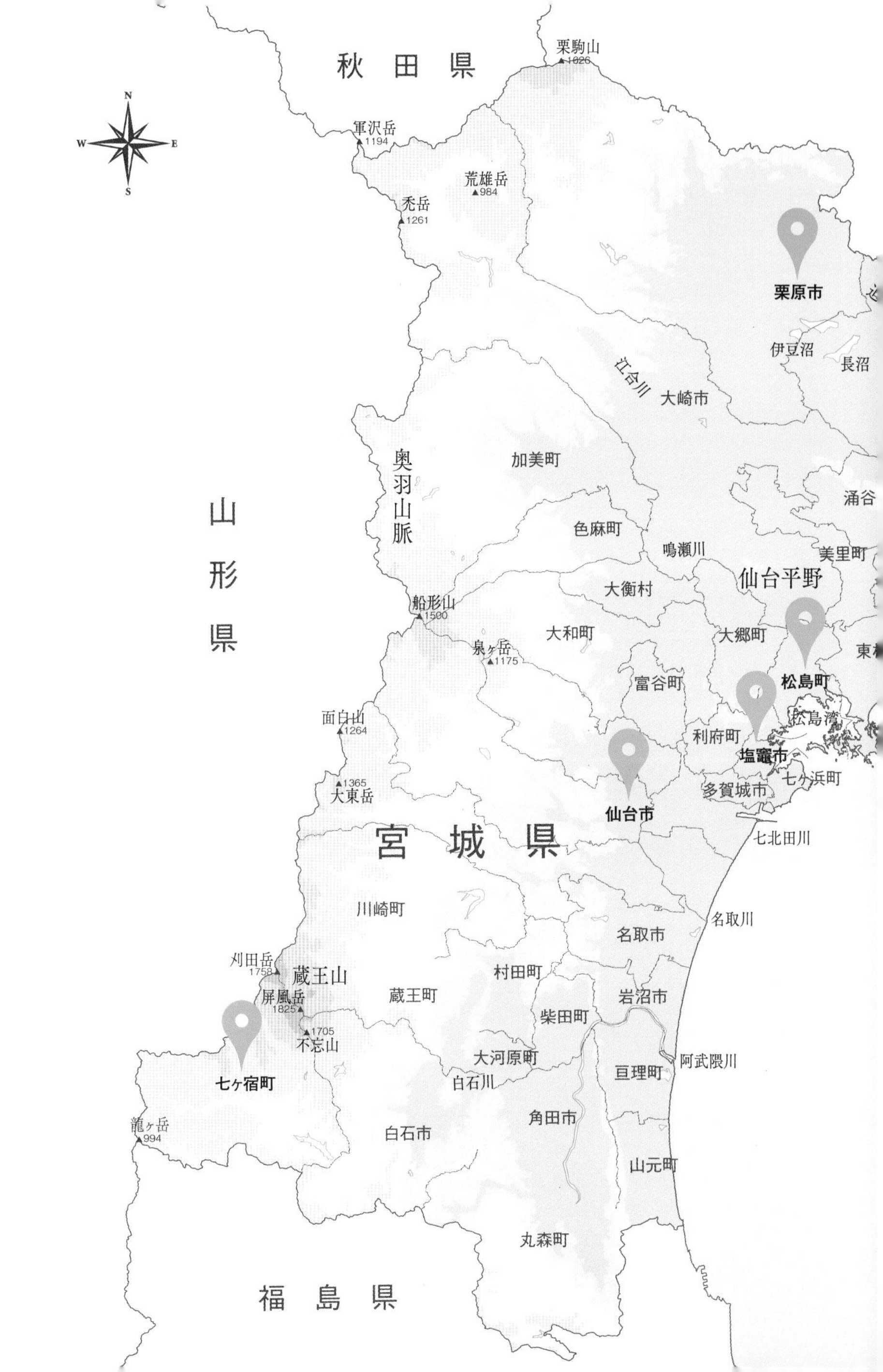
秋田県
栗駒山
1626
軍沢岳
1194
荒雄岳
984
禿岳
1261
栗原市
伊豆沼
長沼
江合川
大崎市
奥羽山脈
加美町
山形県
涌谷
色麻町
鳴瀬川
美里町
仙台平野
大衡村
船形山
1500
大和町
大郷町
泉ヶ岳
1175
松島町
富谷町
松島湾
面白山
1264
利府町
塩竈市
七ヶ浜町
多賀城市
仙台市
1365
大東岳
宮城県
七北田川
川崎町
名取川
名取市
刈田岳
1758
蔵王山
村田町
屏風岳
1825
蔵王町
岩沼市
柴田町
1705
不忘山
大河原町
阿武隈川
七ヶ宿町
白石川
亘理町
龍ヶ岳
994
角田市
白石市
山元町
丸森町
福島県

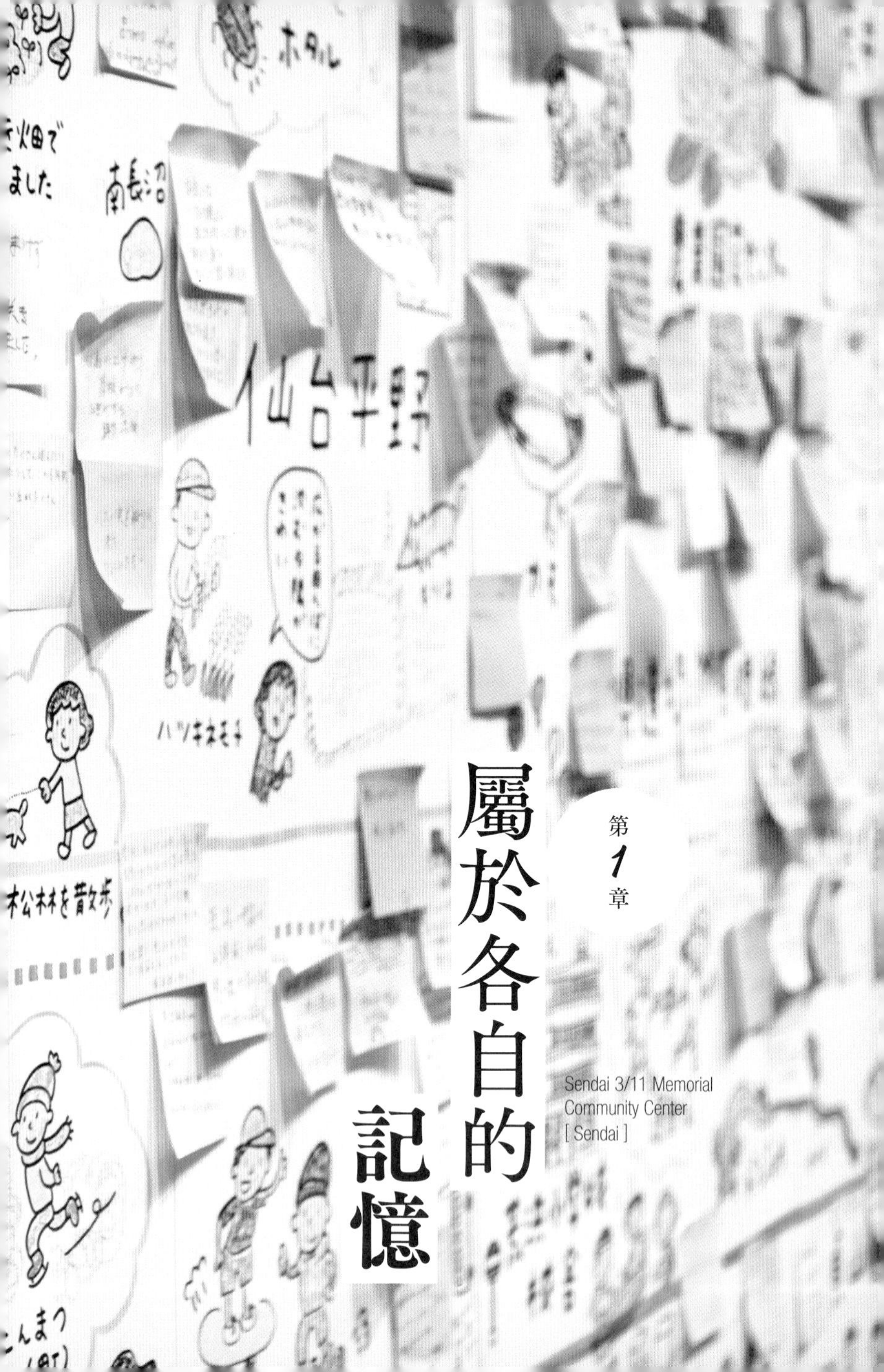

第1章

屬於各自的記憶

Sendai 3/11 Memorial Community Center
[Sendai]

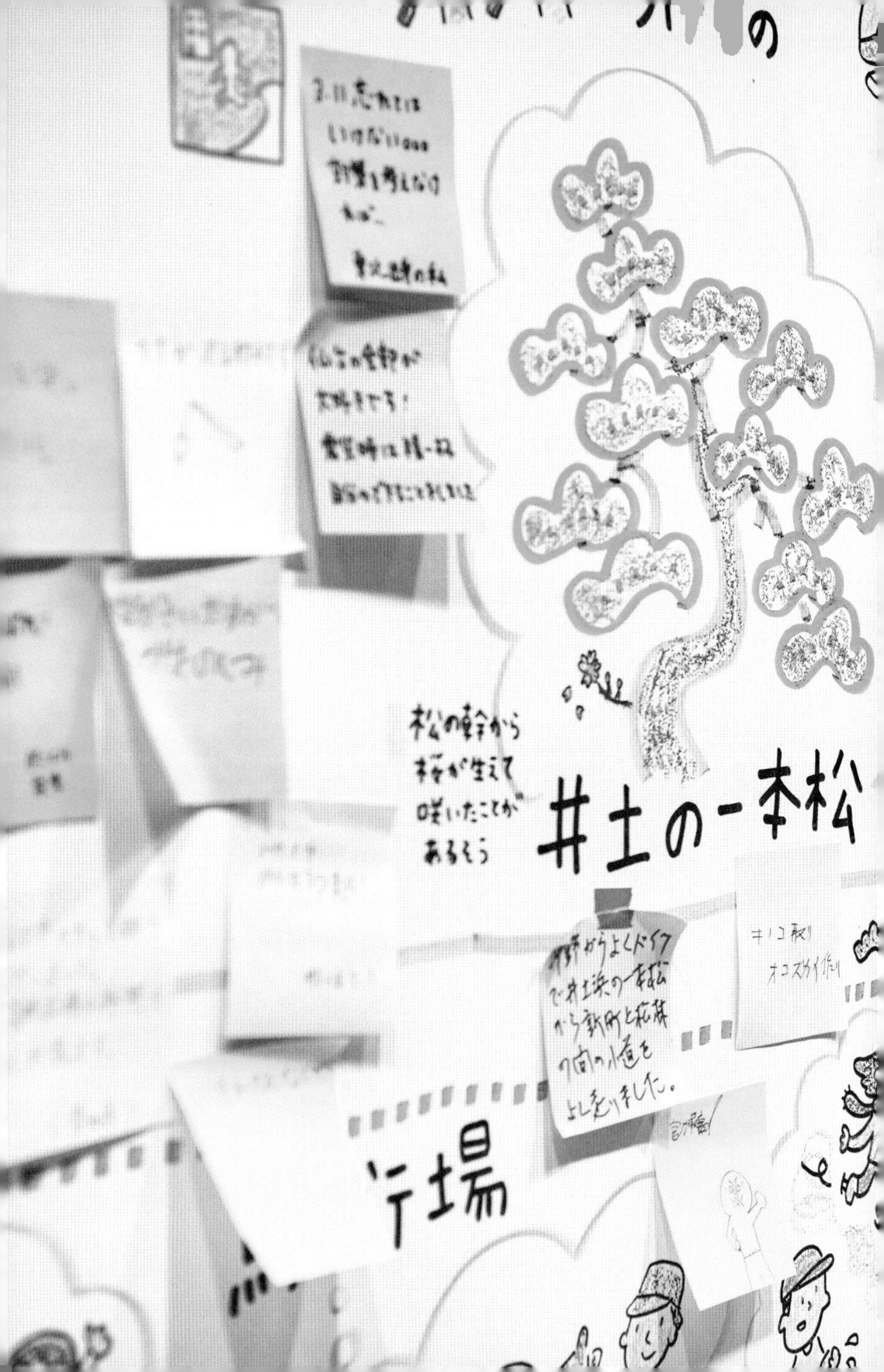
松の幹から
桜が生えて
咲いたことが
あるそう
井土の一本松
キノコ取り
オコスガイ作り

→広瀬川
の吹き出しの中に
描かれているものは
かつてのこのまちの
思い出です。
六郷
市民センター
日辺
六郷小
水路
六郷中
仙台東高校
田んぼ
今泉IC
今泉
まどか
下飯田
仙台東部道路
二木
三本塚
手作りの
ずんだと
つけもの
あんどん松
ジェットスキ
井土の一本松
渡し船
広場
閖上花火
閖上
シジミ漁

仙台市

仙台3・11紀念交流館

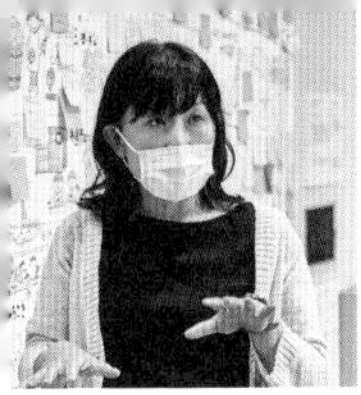

柳谷理紗女士
（仙台市公務員）

佐藤Junko女士
（插畫家）

在敲定本次宮城之旅後，兩人前往探訪的第一個景點，就是這間為了保留東日本大震災記憶而誕生的博物館「仙台3．11紀念交流館」，訪問了深入參與紀念館創立過程的仙台市公務員柳谷理紗女士，以及插畫家佐藤Junko女士兩人。

柳谷　仙台3．11紀念交流館的位置，正好坐落在仙台市沿海地帶的入口處。這張地圖是由Junko女士畫出海嘯災區災民的回憶，再請當地民眾用便利貼補充內容，再由Junko女士加上插圖。

健　所以這並不是單純的畫作，還構成了一張地圖。而且會持續更新內容對嗎？

Junko　沒錯。其中也有一部分是透過民眾當場口述，我再畫下來。

神木　哇～直接在現場進行。

Junko　由於地圖是透過大家回溯記憶所組成，包含了現存與已消失的東西，所以上面的資訊並不全然正確。比較像是整合了居民共同回憶，紀錄大家的歷史與生活的人文地圖。

健　原來如此。這張魚的圖畫代表什麼呢？

柳谷　仙台有一條日本最長的運河「貞山運河」，位於河海交會處的半鹹水區域，那邊可以捕獲鰕虎與鰻魚，最近還能釣沼蝦。提起沿海地區，大家可能容易產生「那裡是海嘯受災地」的負面印象，其實最近在這裡進行休閒垂釣或慢跑的人也很多呢。

神木　這張畫是塔摩利先生對吧？這邊寫的「鑽探」是什麼意思？

柳谷　鑽探調查，是一種地質調查方式。紀行節目《閒走塔摩利》曾來出過外景，在荒井站（仙台市營地鐵東西線）附近的田地進行鑽探調查，所以以此留念。其實這裡在兩千年前也曾受過海嘯侵襲。

神木　兩千年前!?

柳谷　震災前從未有人發現，直到進行挖掘調查才發現那一帶田地有受海嘯侵襲過的痕跡。

Junko　仔細看每一張便利貼，會發現很多有趣的地方。有初次來訪也有久違重訪的人，其中還有稚氣的字跡，可能是震災後出生的孩子。

健　啊！原來這裡還能玩水上摩托車。

柳谷　是的。名取川下游處是寬廣的河口，震災後也有人會在這邊騎水上摩托車。

Junko　雖然曾為災區，但同時也是個具有休閒機能的遊樂景點。

健　能了解到很多面向呢。循著大家的記憶，會發現這個地方其實充滿了各種魅力。

Junko　以前來本館參觀的民眾曾說過，在震災發生後，家人間便不再提起這些往事，直到來這裡看見這張地圖，第一次和家人回想「以前曾經來過這裡度過快樂的時光」。雖然悲傷的記憶無法抹除，但能回憶起這裡也曾留下的美好，讓我感到非常欣慰。

健　的確是。如果沒發生過這些事，就沒有機會去回顧自己家鄉的昔日風景。

Junko　沒錯沒錯。

神木　這裡還能看到螢火蟲呢。

健　應該是以前的事吧？

Junko　未來或許還有機會再現。

柳谷　紀念交流館分為一樓與二樓。一樓區域考量到在地居民路過館前時的感受，所以樓下沒有做什麼震災相關的展示，災情的說明與紀錄等等目前都集中展示於二樓。順帶一提，我們目前所在的這塊區域（二樓），地板就是使用原本位於沿海地區的小學體育館內的板材。

健　兩位當初是怎麼認識的呢？

柳谷　在紀念交流館完工前，市內公民團體統整了震災前後的紀錄，製作了一本名為《回憶拼圖》的攝影集，負責繪製攝影集封面的人正是Junko女士。所以後來規劃製作剛才那張地圖時，就決定委託畫這張插圖的她。

健　原來如此。

柳谷　那是我們第一次進行業務上的合作。

Junko　當時我已經在從事插畫工作，在那之前則是在書店服務。不過那間書店已經不在了，我後來便成為專職插畫家。

神木　原來是這樣。

Junko　我住在仙台市中心附近，所以沒有受到海嘯影響。雖然同樣身為受災者，但災情影響範圍呈現多層次，分為市區、沿岸與內陸。我是屬於市區的受災者，而且過去本來就不常來到這一帶（沿海地區）。震災發生後，我沒到海邊當過

志工，也沒做出什麼貢獻。當時我也不是不願意出力，而是不知道該做什麼才幫得上忙。不過，邀請我繪製那本攝影集封面的團體人士告訴我，就算沒有在震災發生後立刻起身行動，也不用覺得自己什麼忙也沒幫上，可以去海邊走走看看，有很多方式能參與其中。於是我拿起畫筆，在這裡重新找到了自己與震災的連結。兩位在地震發生時，人在東京嗎？

神木　我當時在澀谷十字路口附近，正好在放學回家路上。我那年還在念高中，結業式後跟朋友去完ＫＴＶ，正準備散會。結果大樓開始劇烈晃動，我心想「不對，這個程度不是公車造成的搖晃吧」。澀谷站周邊的老舊建築物比想像中來得多，全都開始搖晃起來，周遭的路人紛紛蹲下。我想起剛才離開的朋友好像是搭電車回家，擔心發生脫軌意外，所以趕緊跑去找對方。那位朋友家就住在附近，所以讓我留下來一起避難。路程上也搖得很劇烈，大樓高樓層的玻璃被震碎後掉下來的速度也很驚人，所以我一路小心翼翼。接下來原本還有工作行程……

柳谷 後來有照常去工作嗎？

神木 不，沒辦法移動。電話打不通，也無法聯繫上經紀人。但那天要試裝，我不親自到場就無法進行，所以就借了腳踏車，從澀谷騎往台場。

健 你一路騎單車到富士電視台？

神木 到天王洲島站那邊。我騎過了好幾座橋，花了大概五小時到達目的地。當時車陣陷入癱瘓，還不時出現餘震。台場那邊也發生了火災，我心想「我真的要去這裡嗎？」

健 火災是怎麼回事？

神木 好像有什麼意外事故。到天王洲島時，手機總算逐漸恢復收訊。「你在哪？」「天王洲島。」「今天行程取消了。」「我想也是……」「我去接你。」「不，現在路上也大塞車，我騎單車回去。」講完電話我就回家了。雖然完全位於不同的地區，震度也差很多，但在地震搖起來的那瞬

間，我產生「感覺世界要毀滅了」的恐懼感。

健　澀谷搖得很大嗎？

神木　超級大。

健　原來如此。那Junko女士當時在仙台市區嗎？

Junko　我在仙台站前一棟大樓七樓內的書店工作。當時一陣天搖地動。就算想抓緊書架，書架也被震得晃離地面，還停電了。當時擔任書店店員的我，在自己逃難前必須先疏散顧客，所以店員們先分頭呼籲「請先不要走動，等地震平息下來後再逃生」，並且引導大家。當時書本全散落一地，地上變成一片書海。有客人問「可以踩在書上嗎」，我回答「今天可以」。把客人疏散完畢，我把書架全敲過一遍，確認沒有人被壓住受困、沒有聲音傳出，也沒有人被遺留在原地或是受傷，最後才離開店裡。

健 離開店內之後，外面的情況如何？七樓的話應該是走樓梯吧？

Junko 我是在站前的ＬＯＦＴ大樓，有完善的逃生路線，ＬＯＦＴ的人員都拿著手電筒幫忙引導「請往這邊逃生」。出了大樓之後，發現站前的大馬路是滿滿的人海。但我當時不知所措，又怕建築物會倒塌，想說先找個看起來比較安全的地方。後來馬上就下起雪了。

柳谷 啊！對對對。

神木 下雪!?

柳谷 大約在地震後一小時。我當時心想這是雪上加霜嗎？

Junko 大顆的雪花沉沉地落下，彷彿把空氣中的塵埃全往下壓。我又冷又怕，餘震還不時出現。等稍微平息下來，我先回去把貴重物品拿出來。當時室內已呈現一團亂，而且沒水沒電。

健 回家裡嗎？

Junko 對，我先回家一趟。

健 用走的？

Junko　對。幸好我家在徒步可到的距離。我先回到家裡，又擔心自己單獨留在這裡，精神上會撐不住。想起了有一位熟識友人的祖母可以依靠，就去借住了一段期間。

健　原來如此。

Junko　不過，像跟我一起工作的同事就有人不方便回家，也很猶豫自己一個人要不要去避難所。

健　的確是呢。這種時候沒伴真的會很不安。畢竟當時應該也無法聯繫上親友。

Junko　完全不行。手機失去訊號，我跟當時一起借住的朋友借了手機，大概到第三天才終於跟老家的家人取得聯繫。柳谷女士在地震發生時，是在市公所裡嗎？

柳谷　我當時在區公所服務，區公所是六層樓高的建築，所以搖得很厲害。但當下還是有義務協助居民避難，我負責的工作是建築相關，所以馬上就想動身前往調查建築物受災狀況，等工作環境安頓好之後就進行相關準備。由於天黑之後無法前往現場，所以就採輪班形式，能休息的人就輪流去休息。我家也在徒步可到的距離，所以摸黑走回家，帶著單車跟相機出門，隔天再去上班這樣。剛才聽了神木先生的經歷，想起我當時也有一種「可能真的回不去原本世界了」的心情。

健　海嘯實際來襲的時間點，大概是在地震出現多久之後呢？

柳谷　仙台這邊大約是一小時後。

健　應該完全沒料想到，緊接著會有海嘯過來吧。

Junko　我一直以來都生活在市區內，出生地也是山區，所以對於會發生海嘯沒有什麼概念。當天入夜之後，我待在那位友人祖母的家裡，因為沒電可用所以早早就準備睡覺。在我聽著收音機時，廣播提到尋獲遺體的消息，我才明白到事情的嚴重性。

健　原來如此。

柳谷　宮城縣近海餘震的發生機率被認為有九成九，所以我一直相信地震會來襲，但對於海嘯卻毫無警覺，這點是我需要反省的。

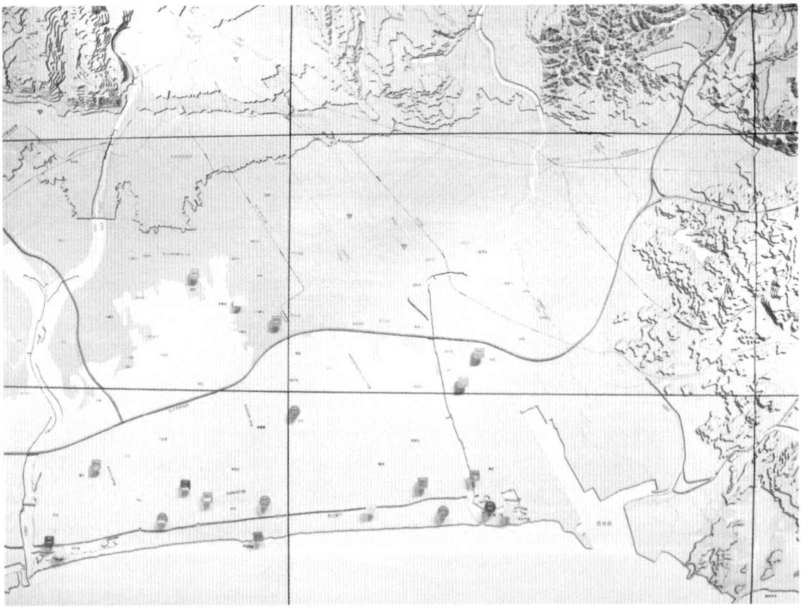

健　的確很難有概念吧。根本無法想像一小時後會出現海嘯。

柳谷　我對於整體災情毫無頭緒，直到看了街上派發的特報才知道。或許廣播也有相關報導，但我當時沒接收到這些情報。

健　畢竟自身都難保了。

Junko　實際的災害發生經過、海嘯造成的災情這些資訊……由於一直處於停電狀態，我大概到了第三天才得知。那時從窗簾縫隙看到了附近住戶的燈火亮起，我心想電可能來了，按下開關後發出了驚呼。然後打開電視才看到海嘯跟核災的新聞。

健　所以說，當地居民掌握現況的時間點，或許比住東京的人還來得晚。

柳谷　我想東京的資訊應該比較即時。

神木　後來也是……還有核災不是嗎？各家新聞臺報得沸沸揚揚，廣告時間也縮短到只放一段。

健　你當時有拍戲的工作嗎？

神木　沒有，正好處於空檔。那時我住在宿舍，舍監媽媽每天都會關懷住宿生，還會主動提議「大家一起去唱歌吧」，然後帶著住宿生們去KTV。但當時災情不明朗的狀態持續了好幾天，總之就是雞飛狗跳。無法掌握現況，只有內心的不安一天比一天更多。在手機恢復通訊後，是有先跟家人與朋友取得聯繫，確認他們平安，但那時的我一直處於茫然狀態。

健　我當時正在拍連續劇，所有的劇本都改了。原本拍攝作業很順利，只剩下最後一集，結果先前規劃好的結局卻改得完全不同。日本發生了這種大事件，我也呼朋引伴一起討論能做些什麼，但在初期還是深刻感受到自己的無能為力。隨著時間經過，狀況逐漸穩定下來後，才轉念「不對，我們應該也能盡一份力」。於是心境慢慢轉變成「為人們打氣並帶來光明的希望，一定就是我們能做出的貢獻了」。

至於連續劇拍攝狀況，起初有幾天無法拍戲，進度中斷。大家開始討論接下來該怎麼做？還要繼續拍嗎？這樣子。不過簡單來說，出於「現在一定有其他更需要傳達給世人的東西」的想法，為了點燃對於未來的希望，最後把原定悲劇收場的結局整個改掉了。劇組用不到一星期的時間趕工改寫劇本，送來現場後大家邊看邊拍，這次拍攝過程讓我記憶深刻。共事的其他演員邊看新聞邊掉淚，但戲還是要繼續拍下去。透過這次，我們對於自身從事的工作，或者應該說整個影視娛樂產業的本質，重新思考了其中的意義，以及自己能貢獻什麼。甚至可以說我們都是第一次有這麼深的省思。

柳谷　劇組能在那麼急迫的時間內果決地做出判斷很值得欽佩，而且能感受到各位的熱情都凝聚在一起了。

健　整個劇組比起以往更加團結一心了。應該說這種時候一定都會想出一份力。雖然有這份心，卻不知道該從何行動起。但我相信就算是影視圈以外的人，當然也包含支持我們的粉絲們在內，想必也有心起身做些什麼。所以希望能透過這樣的一本書，盡力傳達給大家「就算只是去當地觀光，也足以成為貢獻」。若能幫忙宣傳給更多的人知道，我也覺得自己算是盡到了棉薄之力。

Junko　我在書店工作時，店裡花了非常久的時間才恢復營業。那段期間我無所事事，也沒有多餘心力跑去需要幫助的地區，我又不太擅長跟一大群人進行團體行動，所以覺得自己也做不來……無能為力的感覺其實是很煎熬的。沒有起身行動也會累積內心的罪惡感，聽到周遭的人說「今天也去當了志工」我就會心生愧疚。在書店重新營業後，我也不時思考起書籍存在的意義。心想我在這裡賣書也不能幫誰找回他失去的家園……啊啊，講到這就有點難過。失去的生命無法回來，一切都無法恢復原狀，這讓我曾有一段時間陷入情緒低潮。但有一位住在仙台，常來店裡光顧的作家對我說「才沒有這種事，要相信語言與文字是有力量的」……讓我快哭了。對方鼓勵我，我在這間店把書籍陳列上架，客人來到這裡拿起書，挑選要買哪一本，這樣的過程正象徵著日常，所以要有自信，自己正在幫助大家的生活回到日常軌道上。這讓我非常感動……

健　請問這個鼓勵您的人是哪位作家呢？

Junko　是一位叫瀨名秀明的作家，主要寫科幻小說類作品。他就住在仙台……不好意思，突然哭哭啼啼的。

健　不會不會，很動人的故事。想必那位瀨名老師也是抱持著這種信念進行寫作的吧。

Junko　正因為對方實際從事用文字帶給他人力量的工作，才這樣鼓勵我吧。所以我深刻理解健先生的工作能為世人加油打氣，加上新冠疫情的各種紛擾，回憶一時湧上心頭，讓我難忍淚水。不過，就算自己的工作無法直接幫助到誰，但在這個面臨巨變的現今，能提供大家一個轉換情緒的娛樂管道是非常重要的。我想這個很棒的道理就是對方想告訴我的。

健　很有意義的一席話呢。

柳谷　邀請Junko女士來繪製插圖，與她共事的時候，我們會聊到沿海地區發生過的各種事。雖然很容易不小心聚焦在悲傷情緒上，但Junko女士把從中見到的光明部分繪製成具有正能量的插圖，讓氣氛變得更加明亮且色彩繽紛，幫了非常大的忙。

健　我想大家應該都會懷疑自己的所作所為是否真的有意義。實際上，我覺得如果沒有團體合作，每一個人都是同樣無力的。但是，比如像Junko女士的畫作能透過這樣的形式建立各種連結，大家同心協力在本設施內建立了這麼大一張地圖。再透過與我們進行交流，這件事或許能更加廣傳到全國。像那位作家也是，若獨自埋首創作，影響力是很有限的。但透過接觸各式各樣的人，齊力合作之下應該就能帶給大眾超乎想像的力量。所以，雖然我們很容易感覺到一個人的力量很渺小，其實這或許是對的。但大家團結起來，就有可能發揮出自己也意想不到的強大，這是我聽完剛才的故事所產生的感想。人與人之間的聯繫跟合作果然是無可取代的，有時候會產生超乎所有人預期的能量。

Junko 即使一個人想獨力做些什麼，也很容易不了了之，進而萌生「我的行動無法讓世界產生任何一釐米的改變」的想法。聽完剛才那番話，讓我覺得果然不該這麼想。

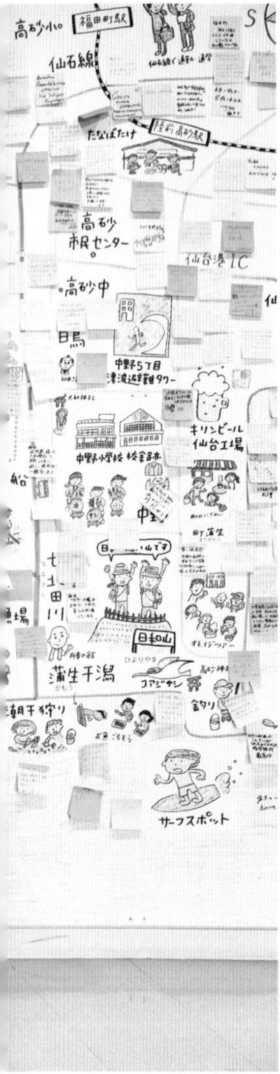

地下鉄東西線
六丁の目駅
浪分神社
七郷小
市民センター
七郷神社
丹波神楽
みんなの家
長喜城
荒井駅
せんだい3.11
メモリアル交流館
仙台東IC
福田町南
七郷中
藤田
荒井
タモリさんが2000年前の津波の地層をボーリングで発見
岡田合唱団
岡田
みそ作り
ホタル
農業園
大沼
仙台平野
県道
ザリガニ
南蒲生

仙台 3.11 紀念交流館

仙台市若林区荒井字沓形 85-4
(地鐵東西線荒井站站內)
☎ 022-390-9022
https://sendai311-memorial.jp

第2章

許下祈願

Narumiyakamishoji Co.Ltd.
[Sendai]
Gyozan-ryu mitoba shishi odori
[Minamisanriku]

鳴海屋紙商事股份有限公司

昆 菜穗子女士
（鳴海屋紙商事股份有限公司財務・總務部）

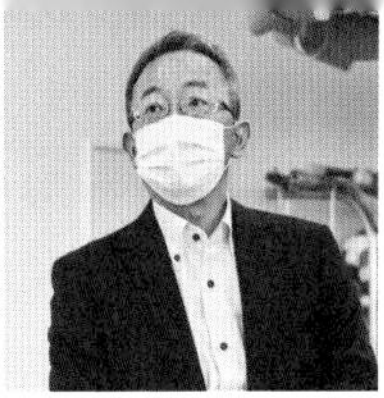

數井道憲先生
（鳴海屋紙商事股份有限公司總裁兼董事長）

東北三大祭典之一「仙台七夕祭」是從伊達政宗公時代延續至今的傳統節慶活動。然而去年在新冠疫情影響下，祭典於戰後首度停辦。來到今年（二〇二一年）則決定縮小規模舉辦。說到仙台七夕，最大特色在於高掛著大花球的彩色風幡，於是佐藤健本次來訪負責製作眾多七夕掛飾的商家「鳴海屋紙商事」。

佐藤 這些全是手工製作嗎？

數井 對，全部手工製作。製程採分工作業，有人負責折紙花球，有人負責展開塑型。這間房間則是進行最後加工的區域。

佐藤 作業人員大約有幾位呢？

數井 最後加工共有三組，每組約四到五人。另外還有家庭代工的兼職人員，總人數算下來大約動員七十至八十人進行作業。

佐藤 竟然這麼多。

數井 按照往年進度，八月的活動大概要提前半年，在二月就開始動工。

佐藤 這麼早就要準備了。

數井　仙台市中心的商店街是慶典主要展區，大約會有一千五百組這種裝飾物。風幡的長度有三到四公尺這麼長，所以參觀的民眾會一邊撥開垂在頭上的彩色飄帶一邊前進，沿路欣賞七夕裝飾。

佐藤　目前這間房裡總計有幾座裝飾物呢？

數井　今年大約只有往年的三分之一，這裡現有的大概兩百～三百組。原本每到這個時期，房裡會被塞得滿滿的，今年由於縮小規模舉辦，數量減少了非常多。

佐藤　現在的數量還是很驚人呢。做得真的很精美可愛。所以大家參觀時都要從這底下穿過囉。

數井　是的。東北三大祭中規模最大的是「青森睡魔祭」，大約會吸引兩百八十五萬的遊客；前年舉辦的仙台七夕祭人潮則約有兩百二十五萬。所以就規模上來說，也是相當大的祭典。

佐藤　跟睡魔祭的形象相比，這裡的祭典給人更可愛的感覺。

數井　睡魔被稱為動態祭典，仙台七夕則是靜態祭典，各有不同風情。

佐藤　這個竹製骨架也是手工嗎？

數井　沒錯，這些竹架也是請專業師傅製作後送來我們這邊，再加上紙花裝飾這樣的流程。

佐藤 為什麼仙台七夕祭會成為家喻戶曉的活動呢？

數井 據說原本是由伊達政宗從京都帶來的習俗。政宗喜歡氣派，所以把七夕祭的排場辦得很豪華。但從幕末到一戰前這段時期，由於財政匱乏等原因而縮小了活動規模。直到進入昭和時代後，大家商議再一次把七夕祭辦大，於是讓獨特的仙台七夕祭傳統延續至今，過程大概是這樣。

佐藤 原來如此。

數井 佐藤先生手巧嗎？

佐藤 不，完全算不上。這種手工藝，光是要我做一個就不行了……

數井 那邊也有小型的，可以挑戰看看組裝就好。

佐藤 我可以嗎？我絕對做不出這麼完美的圓形耶。

數井 這需要訣竅，不太好學就是了。請挑選喜歡的顏色試著組完一圈就好。昆會指導您組裝的方法。

昆 是。

佐藤 昆女士，那就麻煩您了。

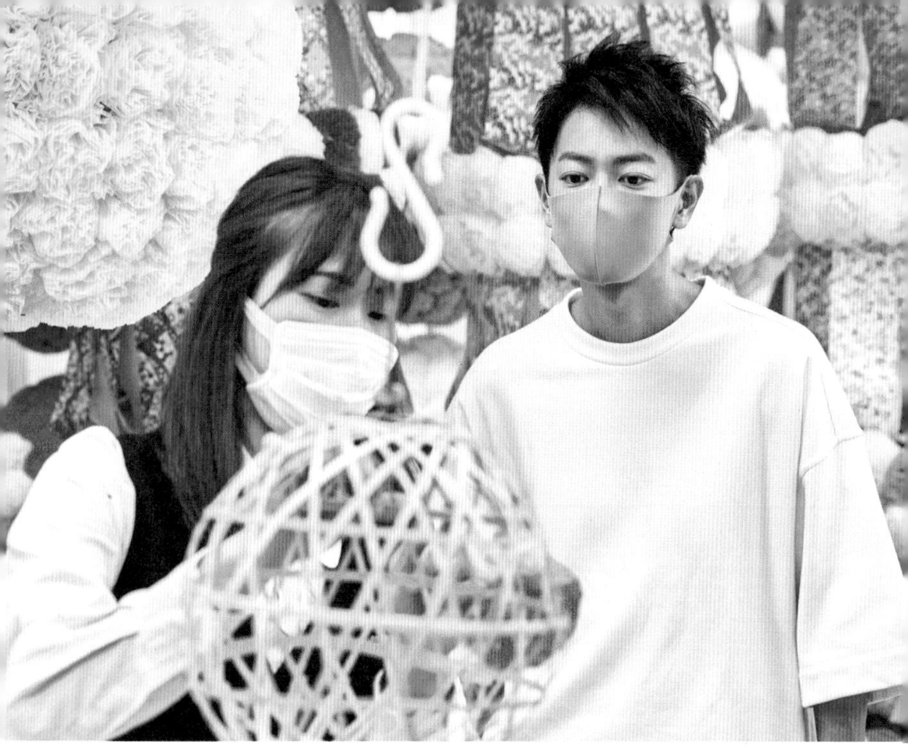

昆　首先從中心的部分開始組裝。

佐藤　一朵一朵依序固定對嗎？

昆　沒錯。

佐藤　原來如此。這個不簡單。

昆　您要選什麼顏色呢？

佐藤　那麻煩紅色好了。

昆　好的。請從這個標示處穿入鐵絲，把根部牢牢固定住。然後把鐵絲穿出來繞兩圈。繞完後再穿回裡面。依照上述的步驟一朵朵組裝起來。

佐藤　這個工作很需要耐心呢。組好一顆彩球大約需要幾朵花？

昆　這個尺寸的話，大約要九十朵。

佐藤　九十嗎！一朵一分鐘的話就要一個半小時。

昆　對呀（笑）。

佐藤　就算一朵三十秒，也要將近一小時。

昆　您可以組完一圈就好。越小的尺寸可能反而越難做呢。

佐藤　的確，因為孔隙也越小，或許更難操作。順便請問更大的彩球大概需要幾朵花呢？

昆　大型的也有高達兩百朵這麼多。

佐藤　真費工！這種手工活果然還是熟能生巧嗎？

昆　習慣之後速度就會快了。

佐藤　這種彩球搭配彩幡的造型，最初是何時開始出現的？

數井　從古早就有了，真正確立下來是在昭和三年（一九二八）左右。選用和紙來減輕重量的製作工法一路傳承至今。

昆　您做得很細心呢。

佐藤　力求完美。

昆　已經快完成一圈了。

佐藤　還剩最後兩朵。

昆　最後調整一下形狀，就大功告成了。

數井　成品挺漂亮的。

佐藤　好了！

昆　完成了。

數井　旁邊的配色您再指定一下，我們會接手完成並寄送給您。

佐藤　那就這樣配好了。麻煩做成這個顏色。

昆　紫色，好的。

數井　那我們順便搭配適合的彩幡一起組好，再送去給您。

佐藤　謝謝。

昆　組得很好，非常細心。

佐藤　真的嗎？太好了。這就是各位每天的工作嗎？

昆　是的。

佐藤　今年活動規模縮小，是指場地範圍限縮嗎？

數井　不，是數量上的縮減。所以展示區域沒有改變。不過，彩幡的下襬原本會垂落在靠近地面的高度，但今年多了一條「須距離地面兩公尺以上」的規定，以免大家觸摸。去年已經停辦過一次，如果今年繼續停辦，明年還辦不辦得成就很難說了。所以最後決議即使縮小規模也要辦，希望能延續到明年。

佐藤　的確是。希望這活動繼續下去。順便請問震災當年的舉辦情況又是如何呢？

數井　因為震災的緣故，反而更希望大家來共襄盛舉，說盛大也有點奇怪，但那次辦得挺熱鬧的。

佐藤　所以去年是第一次停辦嗎？

數井　對。

佐藤　這個祭典已經連續舉辦多久了呢？

數井　從昭和三年確立目前的活動形式後，就一路舉辦至今。

佐藤　也就是將近有百年歷史了。真希望能延續下去。

行山流
水戸邊鹿子躍

村岡賢一先生
（行山流水戶邊鹿子躍保存會會長）

背後插著長達二點七公尺的竹刷，頭戴八叉鹿角的吸睛鹿頭，由八位表演者敲打著太鼓表演的舞陣「行山流水戶邊鹿子躍」是南三陸町的代表性傳統民俗藝陣。為了親眼一睹，神木隆之介來訪南三陸町戶倉地區的水戶邊。首先與保存會會長村岡賢一先生進行訪談。

神木　先請教會長，鹿子躍本身是一種什麼樣的舞蹈呢？

村岡　對於長眠於這片土地中的人類、動物等自然萬物表達感謝與追悼，是鹿子躍的出發點。藉由追悼來祈求人類長命百歲、子孫滿堂。鹿子躍的意涵就是這樣。

神木　這項技藝是起源於何時呢？

村岡　大約三百七十年前，政權正由豐臣轉移往德川的時代，所以大概是發源自一千六百五十年前後。

神木　好驚人，從那麼久遠的時代流傳到現在。

村岡　其實一開始有段時間，沒有人知道水戶邊這裡有鹿子躍這項技藝存在。

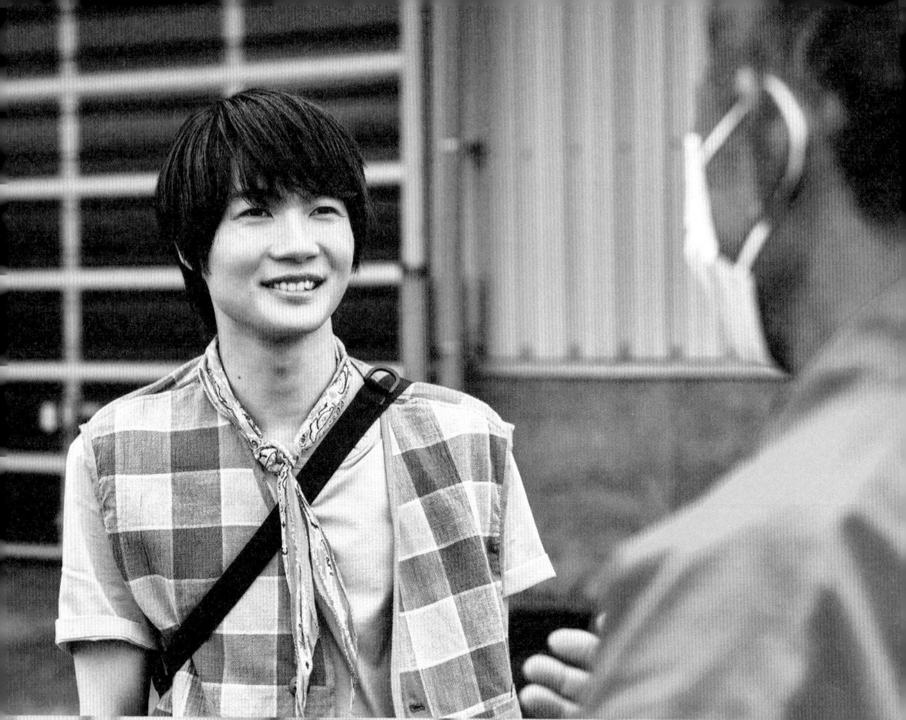

行山流水戸邉鹿子躍
南三陸町無形民俗

神木 咦？

村岡 岩手縣一關市的舞川地區有「舞川鹿子躍」這項民俗演藝，據說當地流傳的文獻中記載了鹿子躍的發源地為「本吉郡水戶邊村」。接著進行調查後，確實在當地發現了刻有相同內容的石碑。於是昭和五十七年（一九八二），一關那邊的團隊便來到這裡進行鹿子躍的祭神表演，成為促成這項文化復活的契機。經過大約十年後，我們在平成三年（一九九一）成立保存會，邀請舞川那邊的老師在我家下榻，舉辦了為期十天的訓練，每晚七點開始練習。這就是保存會的起點。

神木 哇～！

村岡 第一晚有二十位學員過來上課，但期間內人數開始一個、兩個往下掉，最後只剩下六人。

神木 哎呀！

村岡 鹿子躍需要八位舞者，卻只剩六人。由於人數湊不齊，我就帶著酒去拜訪那些中途脫隊的人，把他們勸回來。最後湊到了八人才正式開始。

神木 原來如此。

村岡 到了平成四年，戶倉小學的教師們開始提出讓孩童學習鹿子躍的請求。起初我認為小孩子學不來而拒絕了，但在老師再三懇求之下，我就先試著上了簡單的課程，結果孩子們馬上就學會了。後來就一直延續至今。

神木　真是佩服。

村岡　所以只有震災發生的那一年中斷過練習。這群孩子陸續成為繼承者，像這樣接受培育。

神木　很驚人耶！讓這項技藝能傳承下去呢。

村岡　海嘯來襲時，服裝全都被沖走而讓我們萬念俱灰，但最後很神奇地湊齊了能進行表演的道具。明明家裡東西全沒了，卻只有鹿子躍的表演道具集中於一處，真是奇蹟。

神木　真的是呢。

村岡　原本不可能出現的東西，就出現在那邊。所以我認為這是先祖的指示。當時我們把道具運到避難地點的登米市，進行乾燥與修復後堆放在那邊，登米市的人提議「我們要舉辦活動為難民打氣，你們來表演鹿子躍吧」。我便詢問這位當時還是國中生的成員小野寺翔「要上場嗎？」他回答「要！」。於是我要他負責號召，請他找來了國小、國中跟高中生，在大批災民前表演。大家看了舞蹈後紛紛落淚，這段畫面透過NHK節目在全日本播映，後來我們就收到了來自全國各地的援助與表演邀約，甚至還遠赴美國德州、法國與臺灣等地。

C.S
PARTY
Motorcycle
Factory

神木　太驚人了。接下來可以讓我們欣賞一段鹿子躍嗎？

村岡　好的。那我們立刻進行準備。

小野寺翔先生
（行山流水戶邊鹿子躍保存會）

小野寺　我是保存會的小野寺，請多指教。

神木　我是神木。請問您今年貴庚？

小野　二十五歲了。神木先生大概比我大三歲對吧？

神木　我今年二十八沒錯。我們是同世代呢，真開心。

小野寺　哎呀，您可是我們這世代的巨星呢。

神木　不不不，太過獎了。既然是同輩我就放心了。話說剛才的表演真的很精采，震撼力十足……表演的服裝道具會很重嗎？

小野寺　非常重。有機會一定要請您體驗著裝。

神木　而且高度也很驚人。

小野寺　那個竹刷叫做「簓」，是竹子加上紙製裝飾而已，沒有太多重量，但鹿頭就有將近十公斤重了……

神木　十公斤!?

小野寺　還要背太鼓，總負重大概會到十五～二十公斤。

神木　好驚人。我有朋友是歌舞伎演員，不過我完全沒認識這種傳承地方傳統藝術的人，所以剛才在欣賞舞陣的同時，心裡覺得很欽佩。

小野寺　這是非常本土的文化，比起歌舞伎、能劇之類的傳統演藝，更正確來說屬於民俗藝陣，而且是業餘組成的團體。我們這些在地人只是把這項文化與這片土地上傳承的傳統，繼續接棒下去而已。

神木　歌舞伎等等的演藝與娛樂是為了觀賞而生的表演；鹿子躍則是為了感謝大地與自然。也就是說，這項文化並不受限於「需要有觀眾的存在」，仍能傳承數十、數百年，而且還是跟我年紀相仿的年輕人負責參與推動，更讓我深感佩服了。

小野寺　謝謝誇獎。

神木　順便請問小野寺先生，聽說您的主業是林木業，請問平常的工作內容是什麼呢？

小野寺　我們這個町位於東北沿海地帶，所以比較出名的應該算漁業，但其實森林大約占了町內七成面積，其中以杉木人工

林最多。這是我們祖先過去種植的人工林，由於木材價格低迷許久，所以一直處於擱置狀態。在全國林業都面臨後繼無人的情況下，我自己是因為震災這個轉捩點而有所轉變。我們家原本是種植水田與旱田的農家，因為震災的關係，農地也沒了。後來我去關東讀大學時，有考慮過未來要回到家鄉，在當地找份工作過活。正巧就在某次返鄉時，家人之間討論到「對了，我們還有山上的地啊」。當時想到的重點不在於有沒有賺頭，而是身為倖存下來的人類，希望能在殘存的土地上想辦法留下一些什麼。所以我目前採取間伐的方式，把先人種植的樹林進行部分砍伐以維持足夠的間距。在提升環境品質的同時，也多一份

外快。這就是我目前的工作。

神木　真是欽佩。您是從哪裡學習相關知識與技術的呢？

小野寺　我去岐阜縣進修過兩年。因為那邊森林多，林業很發達，我在美濃市某間學校待了兩年，學習電鋸的用法啦、整頓山林所需的技術等等。

神木　我必須再強調一次，一位二十五歲的同輩年輕人有這樣的擔當，而且勇敢面對挑戰的身段，真的很值得敬佩。

小野寺　您過獎了。

神木　不不不，我感受到我們的心智成熟度差太多了。

小野寺　沒有啦！

神木　像我就從沒這麼關懷鄉土啊。一方面也是因為自顧不暇，就算有機會返鄉也從未深入思考過。我想這對大家來說，或許是個沒什麼機會好好正視的課題。

小野寺　我在高中畢業前也只一心想出外打拚，從沒想過回歸家鄉的事情。但震災這件事對我產生了莫大的影響。正因為失去，才開始回顧這片土地的美好，以及過往的記憶。也開始思考我身為土生土長的在地人，有什麼事是我才能做到的，又有什麼使命是我必須延續下去的，包含這項鄉土演藝在內。

神木　剛才岡村會長說過，各位曾在避難地登米進行表演，當時您還是國中生嗎？

小野寺　我當年國三。震災是發生在我念完國二時。會長問我「服裝找到了，你怎麼決定？要在祭典上跳嗎？」我當時只憑直覺回答了「要」。尋獲的服裝沾滿泥濘，由保存會的成員們幫忙清洗乾淨後，我們再穿上表演。鹿子躍對於當地居民來說是司空見慣的舞陣，偶爾在祭典看到也不會覺得多驚奇才對。但唯有那一次真的獲得掌聲如雷的熱烈迴響，還有人哭了，讓我覺得或許這項表演也擁有激勵人心的力量。

神木　您會希望未來有一天，自己或同鄉的後代子孫也繼承這項文化嗎？

小野寺　這個藝術代代相傳至今，我認為當然有繼續傳承下去的使命。發祥於這片土地的鹿子躍有超過三百年的歷史，這套服裝的配色與氛圍、太鼓的打法與動作，以及選擇鹿頭造型的原因等等，都是源自當時的文化，用有形的方式將這片土地與前人想流傳下去的歷史化為具體的記憶。未來出生的孩子們活在沒有震災記憶的世代，而我見識過這片土地在地震前的模樣，所以希望能透過這個鄉土演藝，把歷史記憶繼續傳承下去。

神木　真的很佩服，我會替您加油的。

小野寺　謝謝，我也很支持您。

神木　哎呀～我會努力的。

鳴海屋紙商事股份有限公司

仙台市若林区卸町 2-14-5
☎ 022-235-2121
https://www.narumiya-k.co.jp

水戶邊漁港（行山流水戶邊鹿子躍保存會）

南三陸町戶倉水戶邊附近

第3章 感受土地的力量

Sumiya no kurashi
[Shichikashuku]
Kaseki hakkutsu taiken
[Minamisanriku]

炭屋生活

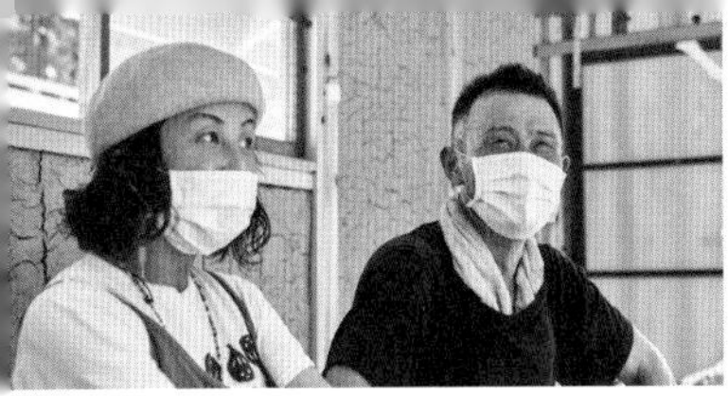

佐藤 円女士
（炭屋生活）

佐藤光夫先生
（炭屋生活）

在自然資源富饒的山間地帶燒製白炭，同時利用白炭烘焙麵包點心的店家「炭屋日常」。佐藤健來到此地採訪的對象是經營店家的夫婦，佐藤光夫先生與佐藤円女士。他們感謝宮城的自然恩惠，想與更多人分享山居生活的眾多所見所學。在進行訪問前，先請佐藤健體驗取炭作業，幫忙從炭窯中取出燒製完成的白炭。

健　請問製炭作業是怎樣的工序呢？

光夫　首先把原木直立擺放在炭窯裡，然後生火提高窯內溫度。以科學方式解釋的話，這稱為熱分解，原木在窯內空氣被隔絕的狀態下燃燒就會開始炭化。等全數炭化之後，我的做法是讓窯外空氣慢慢進入，這樣能幫助樹皮燃燒，溫度會提升到一千度左右，增加炭材的硬度。接著就是把炭材取出的作業。由於無法一次全數取出，所以先從前方分批拿出來。取出的炭材就撒上這種稱為「素灰」，黏土成分低的消火粉來熄火。

健　原來如此，那我來試試看。

作業結束後，佐藤夫婦帶領我們來到被稱為「木炭基地」的小屋內。

円　這是用七宿產的李子製成糖漿，加上店內庭園採收的奧勒岡葉與國產無農藥檸檬調成的氣泡水飲品。

健　啊～很好喝耶～！

円　謝謝，真開心！

健　請問那是木炭嗎？

光夫　是的。請看看斷面，未經人工切割，自然形成的斷面很漂亮。

健　這麼平滑？

光夫　這是您剛才幫忙的工序中所產出的黑炭，這邊則是經過打磨的朴木炭。

健　很有光澤耶。

光夫　畢竟炭跟鑽石一樣，都是由碳元素構成，只差在排列方式不同罷了。

健　只要經過打磨就能變得這麼閃閃發亮嗎？

光夫　沒錯。

円　長期觀察木炭，我的腦海中就冒出了「嚮往成為鑽石的樹木」這樣的靈感。我打算把這個故事寫成迷你書，在將來發行。

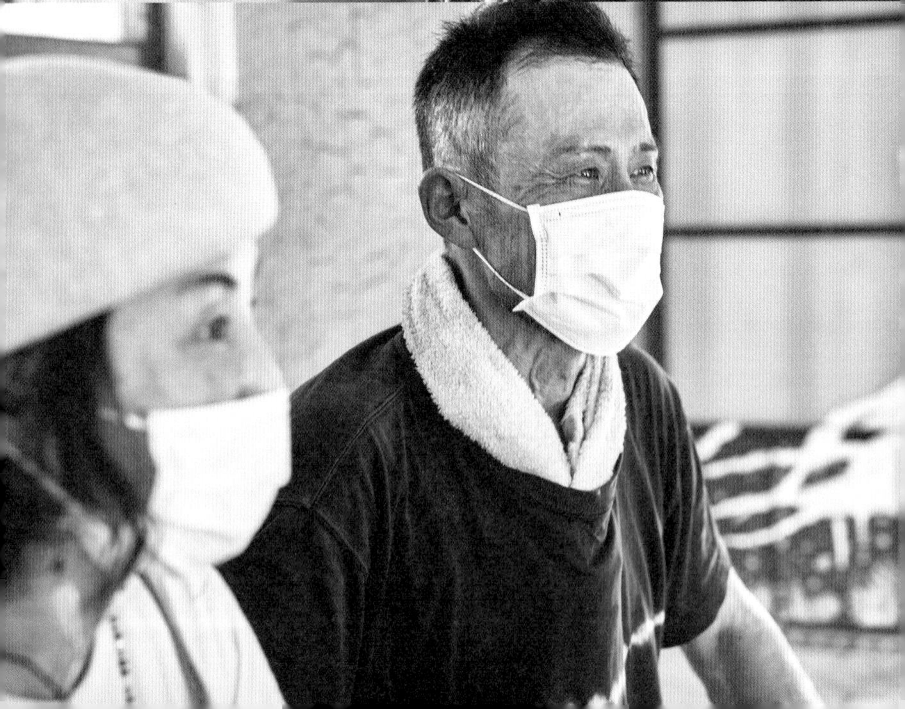

健　真可愛。我原本以為兩位是以實用性為出發點製作木炭，該說更重視藝術性嗎？

光夫　以出貨量來看，還是以燃料用途為最大宗，但我們在思考是不是也能多元開發其他用途，來讓這個產業延續下去。順帶一提，這棟建築物取名為「木炭基地」，是透過群眾募資而建成的。在這裡可以召開研討會來討論如何拓展木炭的可能性，或是單純欣賞木材、邀人來參觀燒製木炭的過程。我們目前打算把這裡做為一個多元的據點。

健　所以那邊列出的名單是參與資助的人嗎？

光夫　沒錯。共有將近四百位的資助者。

健　四百人非常可觀呢。突然要號召群眾，也很難說湊就湊到四百人吧？

円　我原先也在「就算舉辦群眾募資也找不到金主吧」這樣的擔憂中展開募資，結果人數慢慢增加，讓我又驚又喜。後來朋友主動關心「現在達成率才三、四成而已，很不妙吧！」於是周遭更多人主動投入。我們其實一直處於茫然的狀態，感覺最驚訝的就是我們自己。

健　真是驚人呢～

光夫　真的非常感激。

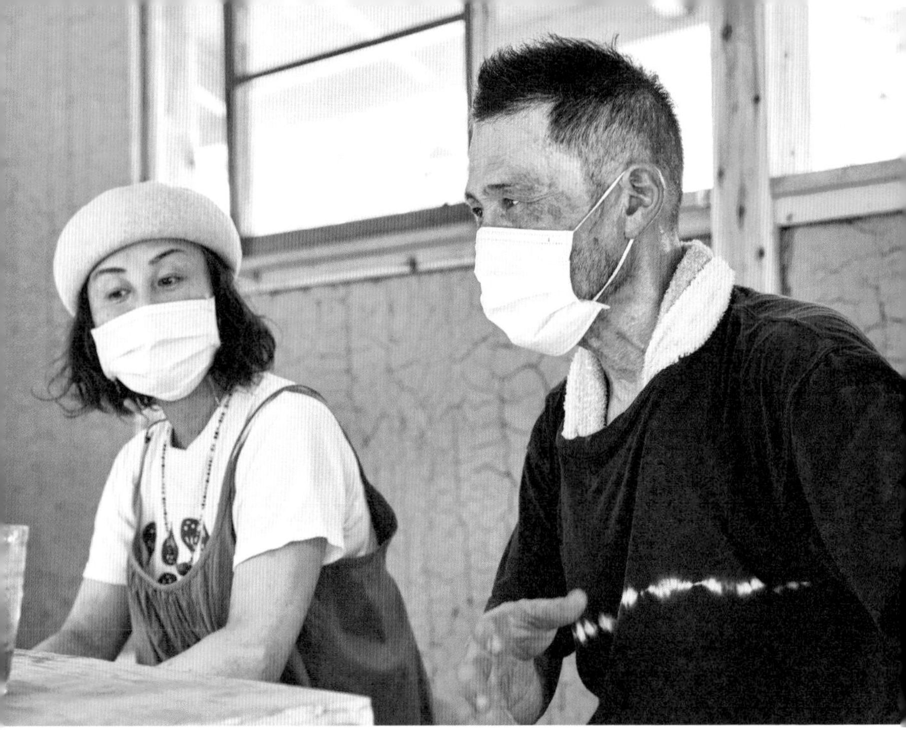

健　或許這意味著大家被木炭的魅力所吸引，而凝聚在一起吧？

円　如果是這樣就太欣慰了。不過，我的感觸是原來日本這國家有如此多人願意支持某個人的夢想，深深感受到大家使用金錢的觀念與上一個時代大不相同了。從事製炭的我們在經濟上或許不算那麼富裕，但我也開始想成為一個有能力肯定他人夢想，並且給予支持的那種人。

健　在舉辦群眾募資的時候，兩位也大聲說出了自己的夢想呢。

光夫　是的，我們表明了「想蓋一棟這樣的建築，在這裡做這些事情，所以需要大家的資助」這樣。

健　也就是說，因為把夢想付諸這些具體的行動，所以才得以成真囉。

円　沒錯，意料之外的美夢成真。覺得自己真幸福～

健　的確是呢。

円　過程中真的充滿驚喜。去年我們也討論過，等夏天就在這裡開個冰店好了。我平常會烘焙麵包，但天氣熱應該沒什麼人想吃麵包，所以提議夏天就改做各種口味的糖漿，然後拿來配刨冰應該很不錯。

健　啊！很好的主意耶。

円　說著說著，結果就在三天後有人來問我們是否願意接收不要的冷凍櫃。在我們開始討論打造這間小屋後，各種奇蹟就接連降臨。

健　哇～

円　我們的個性樂觀過頭了對吧？讓您見笑了。

健　話說回來，當初為什麼會選擇製炭這一行呢？

光夫　我在國、高中時期，對人際關係產生了一個單純的疑問：「為什麼人類就不能和平共處呢？」思考這個問題的時候，起初我歸因於教育，於是我立志成為教職人員。然而，我後來領悟不用拘泥於教職，大人的身教就是最佳的教育。於是我開始思考自己該從事什麼，抱著「人無法離開大自然生活」這樣的想法，起初展開了自給自足的生活。在這個過程中，對於「灌溉農田的水源來自山上」這種理所當然的道理有了更深刻的體悟，於是產生了在山上工作與生活的念頭。那是約莫二十九歲的時候。在尋找適合地點時，我遇見了一位製炭名匠佐藤石太郎先生。我想您在來程路上應該有看到一座水壩，那邊有三個聚落在過去遭到淹沒，其中一個就是佐藤石太郎先生的家鄉。在我看到他的雙眼時，我就認定了他是我要找的人。

健　哇～

光夫　由於製炭也算是一種山間的工作，所以我便拜石太郎為師，開始燒製木炭。

健　所以大概三十歲就進入這行囉？

光夫　是的。我在二十九歲快過完時來到了這裡。

健　從此就一心投入於木炭呢！那円女士呢？

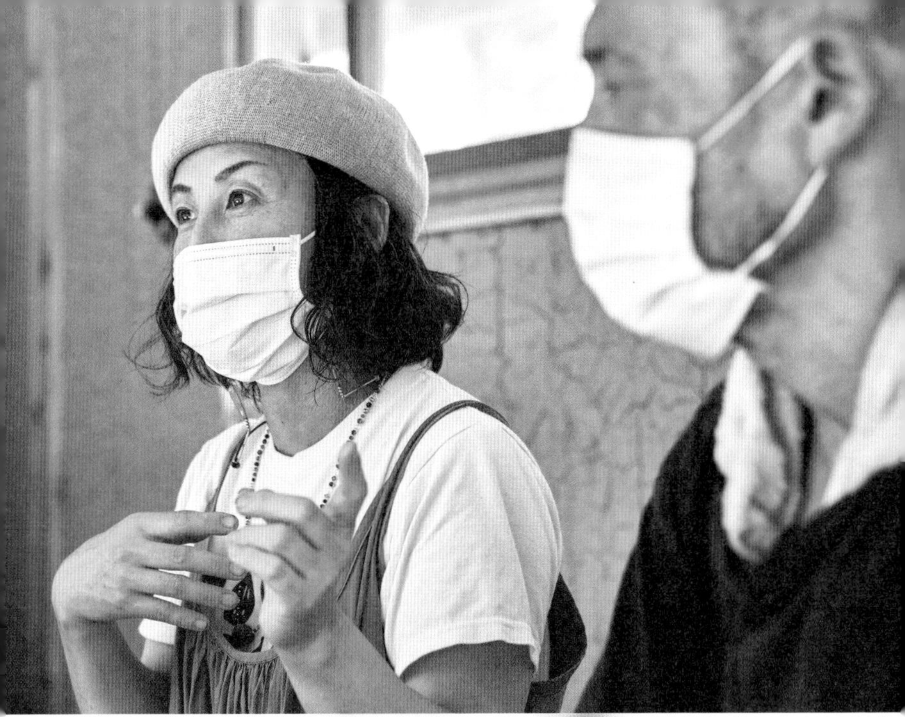

円　我的狀況是對於原始的自然生活型態感到好奇，想從飲食等各方面更深入了解。我思索該去哪裡尋找相關知識豐富的人，想想還是要去高齡者居住的地方吧。所以動念前往人口年齡七、八十歲的老年聚落居住並學習，這就是我的契機。

健　在這之前，您住在哪裡呢？

円　我住在仙台。他則是名古屋人。

健　兩個地區差很遠呢。

光夫　所以我原本沒什麼在冰天雪地生活的經驗。

円　不過他身體本來就很勇健。

健　剛才的製炭作業環境也非常高溫呢，熱得難以置信。

光夫　冬天是還好，盛夏可熱了。

円　炭一取出來，看他的眼睛就知道這批燒得好不好了。因為極高溫會造成眼球表面的輕微灼傷。

健　啊啊～

円　眼珠表面會帶著水光，所以看他的臉就知道這批炭品質很好這樣。可見那個溫度有多高。

健　真是驚人。

円 剛才健先生應該也覺得很熱，卻毫無怨言地進行作業，讓我很佩服，想說您都沒喊過一聲熱呢。

健 第一次還能忍，第二次我就吃不消了（笑）。

円 大部分的人去炭窯的反應都是大喊「熱死了！」您卻不吭一聲，佩服。

光夫 請問健先生，如果想要號召人群來這裡辦些活動，您有什麼想法呢？

健 應該沒有比刨冰更好的點子了吧？我認為這真的是最棒的主意了。

光夫、円 啊哈哈哈哈！

円 如果下次還有機會光臨的話一定招待您。水也都使用湧泉水喲。

健 湧泉水還能拿來製冰真是太棒了。

円 是不是！

健 再講下去搞不好又有什麼設備自動送上門了。

円 啊哈哈哈哈！

BASE

化石發掘體驗

高橋直哉先生
（漁夫／南三陸 海職人）

接下來，神木探訪了南三陸町的歌津地區，據聞這裡曾發掘過棲息於三疊紀時代（兩億四千萬～兩億五千萬年前）海洋中的世界最古老「魚龍」化石，而被指定為天然紀念物。在這裡，神木跟隨在當地擔任漁夫，同時對南三陸地區化石相當有研究的高橋直哉先生，進行了化石發掘體驗。讓我們來看看，他是否發現了什麼稀有的化石呢？

高橋　事不宜遲，那就進入正題。這張是利用南三陸町的地圖，依照年代分色繪製而成的地質圖。南三陸町的東部，也就是這塊咖啡色部分是地質年代最古老的一區，大約形成於兩億六千年前。

神木　哇～兩億六千……

高橋　是的。進入西部，則是這塊水藍色區域，也正是我們目前的所在位置。這裡是兩億五千年前。

神木　課本上才會看到的數字……

高捷　然後繼續往西前進，來到志津川地區，是南三陸町的中心。這裡的地質年代

稱為侏儸紀，約為兩億年～一億五千年前，越來越靠近現代了呢。

神木　年代差距高達一億年呢。

高橋　沒錯。從這裡開車前往志津川那邊只需要二十分鐘左右，這短短的時間內就能觀察到一億年間的地層變化，這就是南三陸町的特色所在。

神木　地層的分布是肉眼就能看出來的嗎？

高橋　看得出來喔。請實際看一下這邊的山崖就能明白了，地層呈現階梯狀排列，層層分明。這區的地質時代為兩億五千萬年前的三疊紀，比恐龍出現的時代還要更早。

神木　原來如此。

高橋　南三陸町一直有著濱海小鎮的形象，其實目前在這裡能觀察到兩億五千萬年前海底地層隆起後所形成的狀態。

神木　真是壯觀。所以這裡原本埋沒在海裡囉？

高橋　是的。

神木　這裡的地層可以挖到東西嗎？

高橋　對。這裡有持續挖出過去棲息於海洋的生物化石。

神木　化石！我還沒現場看過真正的化石。

高橋　這樣啊！那請您一定要在這裡找找看。

神木　好。老師您是研究化石的專家嗎？

高橋　是的。但我的主業其實是漁夫。

神木　咦!?原來是這樣。

高橋　對。不過我同時也具備化石知識，可以進行導覽。最近我們當地的國小有安排化石相關課程，我也有兼任那邊的講師。

神木　哇～難怪您的說明很淺顯易懂。

高橋　謝謝誇獎。那麼，像這些就是在這裡的地層中能挖到的化石，會依照稀有度來標示星級。

神木　稀有度！

高橋　首先，一星是指兩億五千萬年前的石頭。像我們腳邊不起眼的小石子，在兩億五千萬年前原本是泥狀沉積物，經過硬化之後，終於在兩億五千萬年後成為岩石，出現在地表上。

神木　哇～好驚人。

高橋　再來二星則是植物化石。

神木　海藻之類的嗎？

高橋　是原本生長在陸地上的植物，隨河川被沖往海上，堆積在近海而形成的化石。由於植物化石含有纖維，相對來說較容易發掘，屬於二星。

神木　原來這還算好挖的嗎……啊！下一張變銀框了！菊石！

高橋　沒錯，就是菊石。

神木　我只有在博物館裡看過。

高橋　這裡也能挖到很多。

神木　是喔～！

魚竜（ギョリュウ）
レア度

高橋　菊石屬於三星。這裡的菊石最小不超過一圓硬幣，最大頂多也二十公分左右。這裡的地層小型菊石比較多，由於數量多，所以僅止於三星。

神木　三星還是銀框耶。

高橋　稀有的還在後面呢。接下來是四星的袋頭綱。

神木　像是深海魚嗎？

高橋　袋頭綱不僅限於魚類，算是節肢動物的同類。這是參考的重建圖。有一說認為袋頭綱可能跟蝦、蟹有關聯，這種生物化石目前仍充滿謎團。

神木　這個大概多久會挖到一次？

高橋　只要有舉辦化石發掘體驗，每次都會挖到。就算是四星，挖到的機率也意外地很高。這是二〇一五年在南三陸町這邊發現的新品種化石。

神木　哇！新品種的化石嗎？

高橋　是的。目前全日本只有在這裡發現過。

神木　好厲害！

高橋　接著終於來到最高稀有度，這叫做歌津魚龍。歌津是指南三陸町這裡的歌津地區。距今五十一年前在這裡挖掘出這種歌津魚龍的化石，被列為世界最古老。

神木　全世界最古老的魚龍化石。

高橋　這種魚龍是棲息於海裡的爬蟲類。

神木　活在海裡的爬蟲類。一般印象是河裡呢。

高橋　活在河裡的爬蟲類有鱷魚，而遠古時代則是由魚龍這種海中爬蟲類稱霸海洋。

神木　哇～

高橋　這種歌津魚龍呢，最初是在歌津被發現，然後是石卷跟氣仙沼，目前只有這三個地區挖到。

神木　體型很大嗎？

高橋　體長最長三公尺左右。南三陸町被稱為魚龍之鄉，除了這種歌津魚龍外，也有在年代稍晚於這裡的地層挖到其他魚龍的化石，以及更晚的侏儸紀時代地層中也有發現過。

神木 這麼常挖到。這裡以前棲息了很多魚龍嗎？

高橋 只有我們這裡有，所以才成為魚龍之鄉。

神木 不太常聽到魚龍這種生物呢。

高橋 畢竟已經絕種了。

神木 搞不好有機會在這裡找到。

高橋 對呀。希望您今天能挖到魚龍。

神木 很想親眼一睹呢！非常期待。

高橋 除了魚龍以外，這裡也有各種已發現的化石。這裡才剛展開研究調查沒多久，所以發現新品種化石的機率也非常高。今天要請您加把勁了。

神木 我會加油的！

高橋 關於發掘化石的技巧，平常展出用的化石都是經過挑選，形狀清晰完整的個體，但實際挖出來的常常都是缺了一半啦、外型難以辨識的。您認得出這塊是什麼化石嗎？

神木 菊石嗎？

高橋 沒錯！

神木　好難辨認！還有這麼小的喔。真可愛。

高橋　沒錯。如果在發掘時想像成博物館內看到的那種展示用化石，那是找不到的。有化石的部分可能比旁邊多了一層光澤，顏色也略有不同，首先鎖定這兩個方向來找，再透過仔細觀察來鑑定出化石的品種。

神木　原來如此～過程需要細心謹慎呢。

高橋　對呀。請先觀察表層的石塊，如果有發現看起來不太一樣的，就拿來給我看，我可以現場鑑定。

神木　果然是專業的！

高橋　在鑑定的過程中會逐漸培養出眼力，看多了就能馬上找出化石。

神木　那就麻煩您了。

高橋　請加油。

神木　我會努力的！

高橋 啊！順帶一提，像這塊也是植物化石。

神木 咦～！您好快就找到了。

高橋 裡面有纖維分布，看起來比較不一樣，會像這樣緊緊貼住。可以對著光源變換不同角度，來觀察陰影的凹凸變化這樣子。

神木 啊！這塊也是嗎？

高橋 啊！很厲害，這是菊石。

神木 菊石啊！

高橋 正中央那邊缺了一小塊。

神木 好耶。

高橋 能找到這種算滿厲害的。

神木 好想找到魚龍！

MINAMI SANRIKU

神木　過程非常有趣耶。這塊特別藍的地層是代表還很新嗎？

高橋　沒錯。像這邊帶咖啡色的就是經過風化後的顏色。

神木　真想繼續專心找下去耶。哎呀，挖化石真不簡單，總是不會輕易出現在我猜想的地方。

高橋　一部分也需要靠運氣呢。

神木　無法預測何時能找到，但是過程很有趣。

高橋　啊！

神木　咦？

高橋　您腳邊那塊。

神木　啊！這個嗎？老師，請問這塊是？

高橋　是魚龍喔。

神木　真的嗎？太棒啦！

高橋　真有兩下子。希望能放在博物館展示。

神木連原本以為無望的魚龍化石都順利尋獲後，依照高橋先生的指示來到「南三陸發掘博物館」，這裡是附設於南三陸農會「南三館」內的設施。

高橋　這裡就是博物館的入口。

神木　咦？這裡嗎？啊！好驚人！竟然挖出了這麼漂亮的。

高橋　是的。然後這裡陳列的是參加發掘體驗的民眾所找到的化石。

神木　噢噢！搞笑團體三明治人的兩位也有參與。

高橋　大家的戰利品都會展示在這邊，希望神木先生也能把剛找到的化石放在這裡。

神木　可以嗎？太榮幸了。這是我跟老師協力找到的。

高橋　畢竟是最稀有的魚龍。

神木　那我就把化石留在這裡了！

高橋　非常感謝！

神木　哎呀，真開心。五星！特稀有！要找果然還是想找到最罕見的呢。不過要多虧老師當時出聲提醒了我。

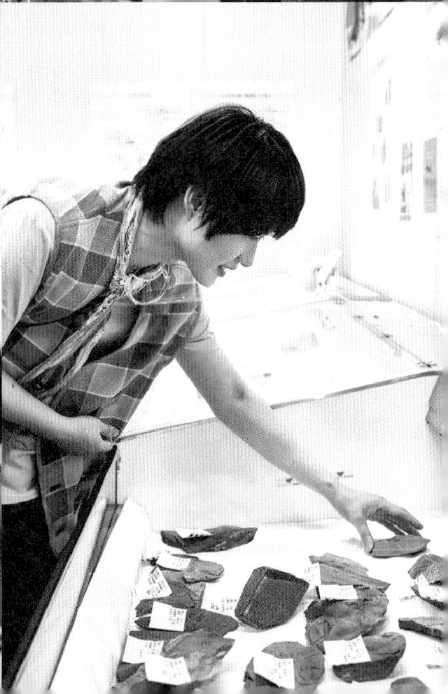

炭屋生活

七ヶ宿町字侭ノ台 100-2
☎ 0224-37-3156
https://sumiyanokurashi.com

南三陸發掘博物館

南三陸町歌津管の浜 57-1 南三陸農會南三館館內
☎ 0226-36-2816
開館時間　9:00-17:00
休館日　週一

第4章

堅持手製的意志

Sano Misato
[Matsushima]
Hongo darumaya
[Sendai]

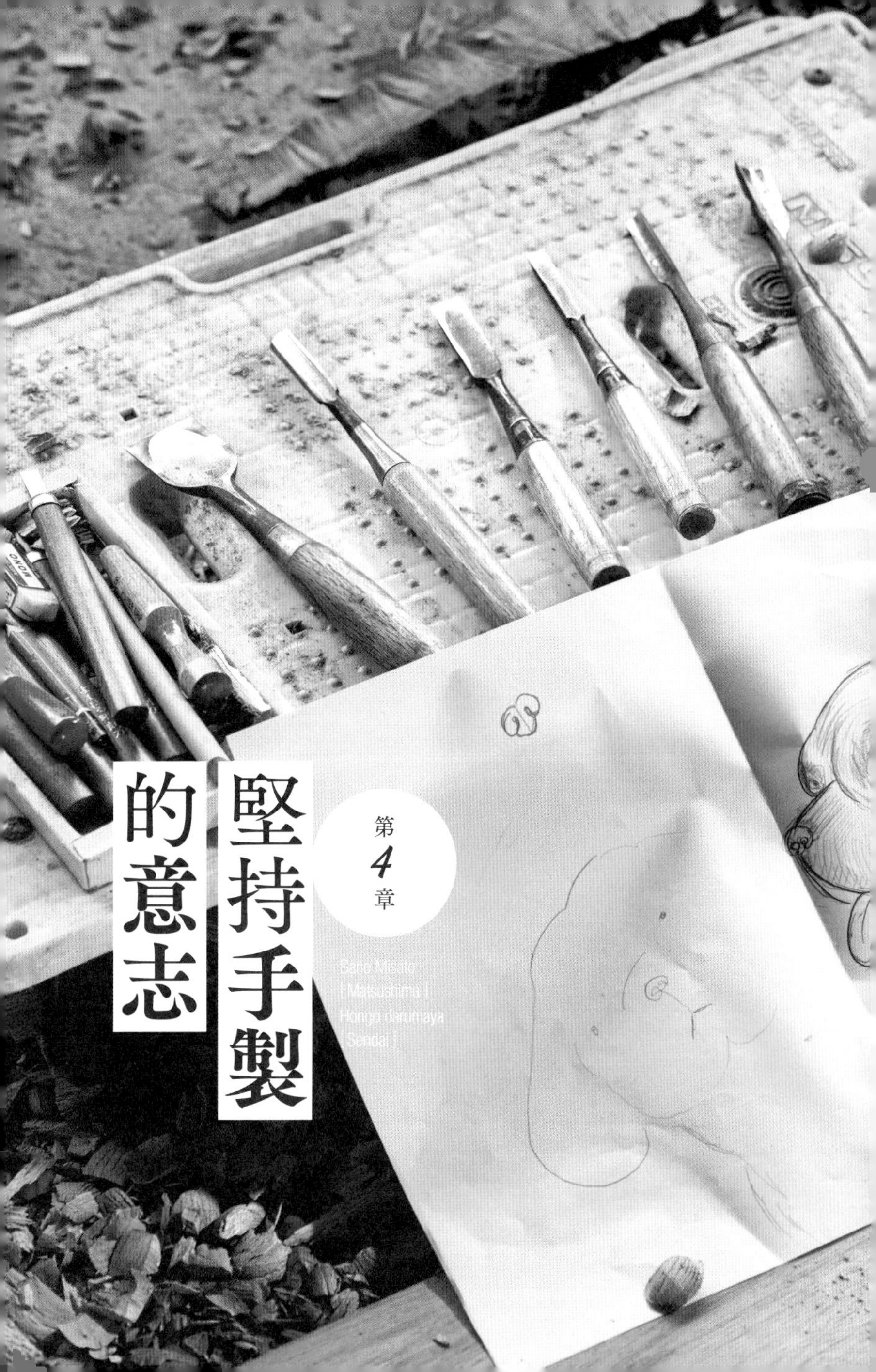

佐野美里

佐野美里女士
（雕刻家）

各種小狗造型的木雕，臉上帶著可愛無比的表情。這些作品出自雕刻家佐野美里女士之手，她在宮城縣松島町擁有一間個人工作室。美里女士說明，這些作品都是以小狗形象來呈現各階段不同的自我。佐藤健來訪工作室，參觀她的創作過程。

美里 您好！

佐藤 您好，今天請多指教了。噢噢～這是正在製作階段的作品嗎？

美里 沒錯。這邊還在製作中；那邊則是已完成的作品。

佐藤 好可愛。

美里 一開始先用電鋸來裁斷那邊的圓木，再用鑿刀一筆一筆雕刻。

佐藤 從鋸木頭的步驟就是自己來嗎？

美里 對。以上步驟都完成後，就用油彩上色。另外，我平常也會畫畫線稿。一開始會先畫圖來增加靈感，然後再著手製作。

佐藤 所以是為了找靈感才畫畫嗎？

美里 是的。不過我平常閒暇或是心情好的時候，也會把畫圖當作一種休閒興趣，

畫完之後回頭看看覺得哪張圖不錯，也會拿來製作木雕作品。

佐藤　這些木雕都是用小狗來代表您自己對嗎？

美里　是的。一開始我是以學生時代養的狗為原型，後來陸續以各種狗為主題進行創作，過程中發現或許我的作品是在呈現我自己。

佐藤　製作一件作品大約需要多久呢？

美里　像這座一公尺左右的全身像大概需要兩個月。小型的頭像大概一個月可以完工。不過，我會一次排三、四件作品，今天做這個、明天做那個……以同步進行的方式製作，也會有休息的時候。我都是依照當天身心狀態來決定工作進度，比如「今天天氣很好，神清氣爽，所以雕大隻的」，「今天沒什麼精神，雕那隻表情逗趣的好了」這樣。

佐藤　原來如此～每件作品都非常可愛。

美里　請靠近點看看。

佐藤　是貴賓犬。

美里　這座雕得很辛苦。

佐藤　令人嘆為觀止呢。

美里　宮城縣內的東大寺有舉辦展覽，我在那邊欣賞到數量可觀的佛像，其中有一座爆炸頭造型的佛像我非常喜歡，激發了創作這件作品的靈感。

佐藤　原來是這樣～

美里　我一直在物色工作室，在這個年紀要擁有一間這麼有規模的工作室不容易，所以四處詢問周遭的長輩哪裡有好地點，結果有人介紹了這地方給我。對方說「有位木工領班不做了，搞不好妳可以去租下來？」。當時是二〇一五年的冬天，也算是我人生的轉捩點吧。過去我有另一份主業，無法同時成立一間工作室，所以就租了建設公司的其中一間倉庫，或是借用農家的穀倉等等，一路過著寄人籬下的生活。直到遇見這個地方，我才得以擁有一間這麼大的工作室。

佐藤　所以您本來有其他工作囉？

美里　我以前在特教學校從事教職。

佐藤　在學校裡教美術嗎？

美術　不是美術專任，而是包辦所有科目的教職員。我原本考取美術教師證照，也修得了碩士學位。我畢業那年正好遇到二〇一一東日本大震災，宮城縣內正處於各種水深火熱的時期，我在機緣之下被一所特殊教育學校錄取，而非美術專門學校。班導的工作內容包含指導有智能或肢體障礙的特殊學生用餐、協助他們如廁，以及包辦國語、數學等所有科目。在任教期間我也持續雕刻創作，但搬來這裡之後想好好定下來，於是辭去了教職。

佐藤　一邊當老師一邊持續創作，很令人佩服呢。

美里　當時雕刻的目的完全是為了滿足自己。該說能從中提升自我肯定感嗎？透過想像與雙手，每次都能誕生出連自己都意想不到的美好作品。這樣重複的過程中讓我開始越來越喜歡自己。所以，雖然在學校擔任教職也很開心，當然也很有吸引力，但內心深處還是一直渴望著某種只屬於自己的東西，而這種無法言喻的滿足感能在親手製作作品的過程中獲得，所以我才持續雕刻創作。

佐藤　哇～

美里　自從我轉換人生跑道，開始以雕刻為生之後，參展的頻率變高了，像今天這樣與各行各業人士認識的機會也變多了。能不分年齡、性別與國籍，與更多人進行交流，讓我總算踏實地感受到，自己也成為社會中的一個小齒輪。現在透過製作不但能得到自我肯定，也開始有信心覺得自己的工作或許能為誰盡到一份力，為某人帶來笑容。近來有一種感觸，就是成果是需要耐心等待的。我今年三十四歲，直到最近才終於實際體悟到「成果是努力過後的副產物」。現在更能感覺到工作本身的價值了。

佐藤　所以您現在更能用樂在其中的心態來製作作品囉？

美里　是的。我家鄉在多賀城市，雖然離松島町非常近，但決定搬來之後，我的身分就是個外來者。然而，身為異鄉人的我告訴大家移居的消息時，松島這邊的人真的都很包容我，原本在這裡做木工的那位師傅的家人們也鼓勵我「我們會幫妳加油的！」、「放心在這裡打拚吧！」。當地的居民們也會幫忙想一些企劃，例如帶著規模有五十人左右的兒童交流會過來參觀，一起聽聽木雕的解說等等。比起外地人，我現在更覺得自己已經融入為這裡的一分子，能安心地生活了。而且這裡的蟲鳴鳥叫與自然環境等等都是松島的優點，讓我能在創作的同時從中獲得靈感，現在想想真的覺得很幸運。

佐藤　真是太好了。我想會有越來越多人肯定您的。

美里　哇～好開心。

佐藤　這個作品是柴犬對吧？這隻好可愛。

美里　這隻啊，是我墜入愛河時雕刻的作品，是正在注視著心儀男生的表情。

佐藤　是喔～

美里　單邊肩膀往下壓，表情有點想吸引對方注意。

佐藤　原來如此。這大概是幾年前的作品呢？

美里　這是二〇一二完成的。

佐藤　所以您當時深陷愛河中囉？

美里　對。那時候正值二字頭中段，充滿少女情懷。

佐藤　是一場單戀嗎？

美里　是的。

佐藤　啊～雕得真棒。是單戀的眼神沒

錯。柴犬真可愛啊～原來如此……從作品中可以看出未來一炮而紅的潛力。

美里 真的嗎!?好開心。

佐藤 順帶一提，您說還沒雕完的左邊那隻，感覺成品會相當可愛呢。那隻是以什麼為題材呢？

美里 算是以鬆獅犬為雛型製作。

佐藤 很有鬆獅犬的感覺。

美里 我想雕出肉肉的感覺，目前形狀還很平板，正在構思如何雕出層次感。健先生喜歡可愛型的小狗嗎？您剛才也說過喜歡柴犬。

佐藤 論品種的話我原本就很喜歡柴犬，其實只要是狗我都喜歡啦。我有預感這隻鬆獅犬會成為很出色的作品。好想把這隻預訂下來。

美里　真的嗎？感覺成品會很逗趣。可能會讓人莞爾一笑。目前已經可以預想到這隻不會走酷酷路線了。完成後我會通知您的。

佐藤　好期待，我真的很想看成品。呵呵！這隻真的不錯。

美里　家裡擺一隻，感覺就能保持心情愉快。

佐藤　拭目以待。

美里　好的！

本郷達摩屋

本鄉尚子女士

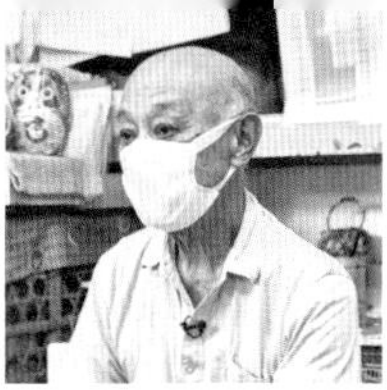
本鄉久孝先生
（本鄉達摩屋第十代傳人）

松川達摩不倒翁的特色，在於象徵遼闊天空與海洋的鮮豔「群青色」。其始祖為仙台傳統紙偶工藝「仙台張子」，相傳是在天保年間（一八三〇～一八四四年）由伊達藩藩士松川豐之進創始。而「本鄉達摩屋」初代創始人本鄉久三拜松川氏為師，繼承了相關技術與木模。來訪本鄉達摩屋的神木隆之介，將在這裡進行彩繪體驗。

神木 打擾了，今天請多指教。啊啊！好壯觀！數量很驚人耶。

久孝 目前在製作小型達摩，所以數量相當多。

神木 說起來，松川達摩不倒翁有什麼樣的歷史呢？

久孝 相傳是由伊達藩士松川豐之進在距今一百九十年前所創始的工藝，因此取名為松川達摩不倒翁。放眼全國，以創始者來命名的達摩也是很稀奇的特例。一般都是加上地名，例如「仙台達摩」這樣。然而，只有仙台這裡的達摩卻取名為松川。

神木 松川達摩一開始就先畫好兩邊眼睛了呢。

久孝 對。只要是紀念伊達政宗的東西，考慮到他是獨眼的關係，幾乎都不會做成單眼造型。另外，畫上雙眼也有綜觀八方與守護的意涵在裡面。

神木　原來是這樣。顏色非常漂亮耶，正面是藍色的。

久孝　是的。這象徵著宮城的藍天碧海。

神木　原來如此，真的很好看。

久孝　今天想請您體驗一下彩繪過程，方便立刻開始嗎？

神木　好，沒問題。真期待。

久孝　理想上是希望盡量貼近原本的設計，但新手應該畫不來，所以請用自己的方式來彩繪就好。我現在會依照順序上色，給您參考。

神木　謝謝。

久孝　準備好了嗎？那現在先從鬍子畫起，請看仔細了。

神木　好。

久孝　像這樣子……

神木　好厲害。原來如此，謝謝您的示範。

久孝　那就用這邊的筆刷，來，請用。不用保持跪坐，您可以坐得舒服一點。

神木　謝謝。

久孝　大膽畫下去沒關係。

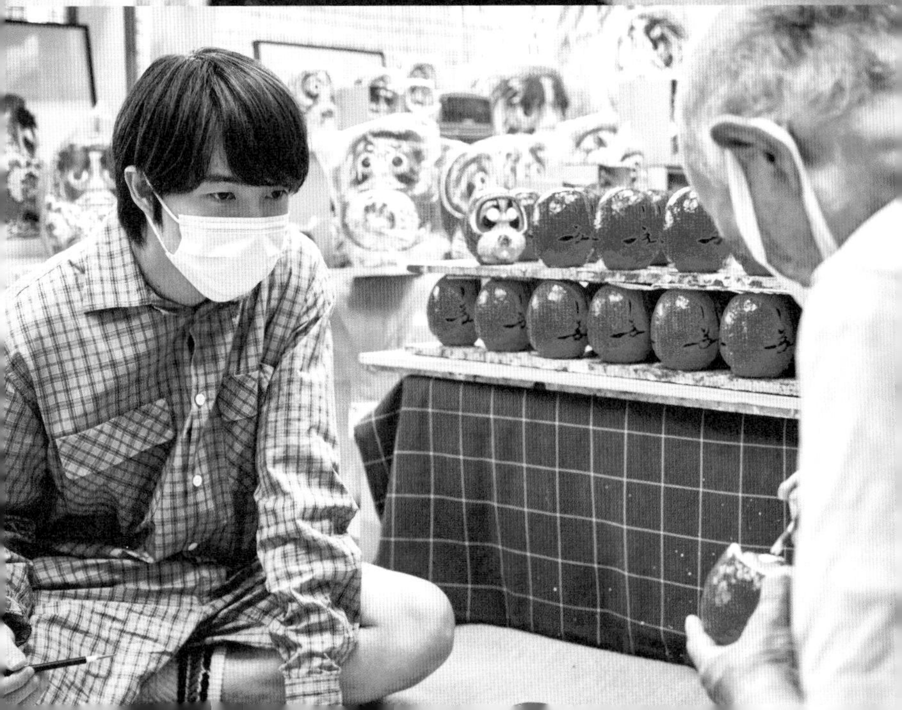

神木　好。……啊！很困難呢。
久孝　嗯嗯，很不錯喔。
神木　我畫得還行嗎？會不會塗得太多了？
久孝　眉毛畫得很好呢。
神木　太好了！
久孝　從鼻子下方用輕點方式俐落下筆。
神木　噢噢！我懂了。

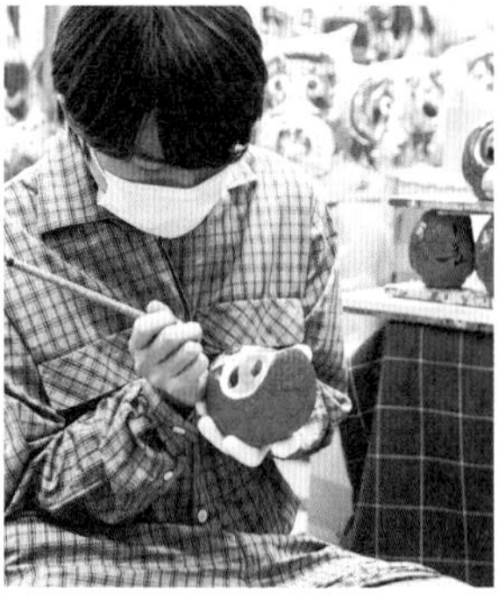

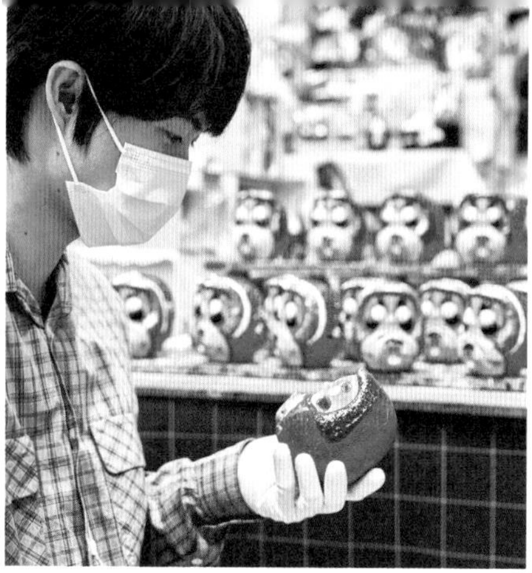

久孝　以初學者來說，成品真的相當不錯呢。平常我們不太拿這款達摩來進行彩繪體驗的，因為難度比較高，適合進階者。

神木　咦!?原來是這樣嗎!?

久孝　對。但您畫得非常上手，輪廓也抓得很好，真厲害。

神木　真的嗎？

尚子　真的很厲害。

神木　謝謝誇獎。順便請教一下，平常會購買達摩的客層都是哪些族群呢？

尚子　來我們店裡的顧客都正面臨人生新起點，比方說求職不順的人就會光臨。雖然也不是說買了達摩不倒翁就能事事順心如意，但能當成打氣小物放在家裡擺飾替自己加油，很多客人會回報「託達摩的福順利合格了」、「拿到內定了」這樣。

神木　這樣很棒耶。那當初大地震發生時，店裡狀況還好嗎？

久孝　我們家的達摩在震災當時幾乎沒有摔到。

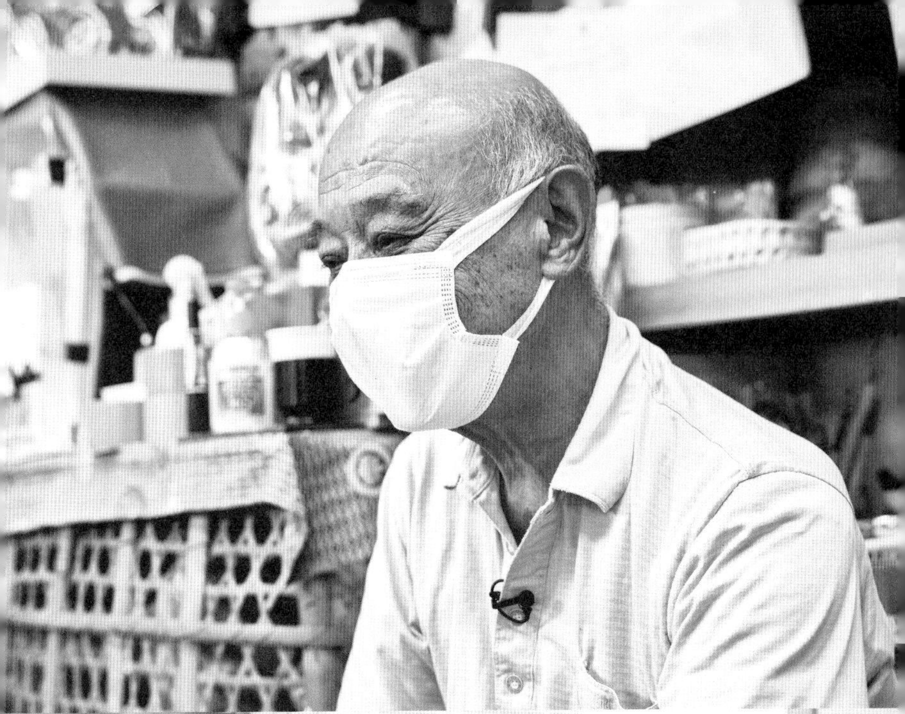

神木　咦～!?

尚子　但屋頂就一片慘狀了。我們請認識的木工師傅綁著安全繩上去修補，但建築物本身年久老化了，於是搬遷來這裡。當時原物料短缺，又有核災問題，黏著所需要的海藻膠等等各種材料有一段時期難以取得。不過，從前代就認識的許多貴人主動關心「我們家倉庫有一批沒在使用的和紙，你們拿去用」、「北海道那邊有類似的海藻，試用看看」，帶著材料來給我們。他們鼓勵我們不要放棄，都經營了這麼久，再努力撐一下。多虧這些加油打氣，我們才能像這樣繼續努力。

神木　原來是這樣。

久孝　那麼，既然都畫得差不多了，最後還是有個華麗的結尾比較好。等顏料乾燥完畢，最後畫上黑眼珠就大功告成了。

神木 好了。
久孝 完成了。
神木 噢～非常感謝！
久孝 來這裡體驗過彩繪的人很多，但從來沒有完成度這麼高的。
神木 咦!?真的嗎？啊啊，好開心。太好了～其實我只是照著您剛才示範的步驟有樣學樣而已。
久孝 因為一般人就是學不來。您幾乎不需要協助就能獨立完成，很了不起了。
尚子 很厲害，畫得很精美。
神木 真的嗎!?
尚子 我們幾乎都沒有幫忙啊。不用我們插手您也很穩。真是多才多藝。
神木 實在過獎了。

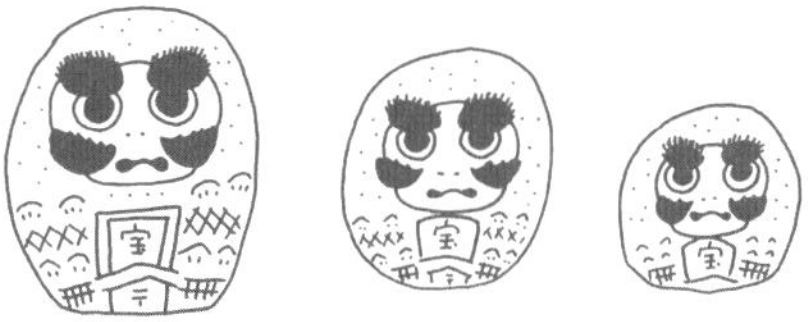

Misato Sano
https://sanomisato.com

本郷達摩屋

仙台市青葉区川平 4-32-12
☎ 022-347-4837
營業時間　9:00-18:00
公休日　不定時

第5章

博物館的使命

Ishinomori Manga Museum
[Ishinomaki]
Kuriden Museum
[Kurihara]

石之森萬畫館

木村仁先生
（城鎮發展曼波股份有限公司）

「石之森萬畫館」位於宮城縣石卷市內，原位於北上川河口的中瀨沙洲之上，是為紀念以《假面騎士》系列原作聞名的漫畫家石之森章太郎先生而創立的。萬畫館外型由石之森先生本人親自設計，模仿太空船的形象。在館前迎接我們的是「城鎮發展曼波股份有限公司」木村仁先生，他親身參與萬畫館建立計畫，長年以來也積極投入企劃特展的策展，以及地方合作活動。身為《假面騎士電王》連續劇初代主演的佐藤健，本次首度來訪館內。

木村　今天很感謝您大駕光臨。

佐藤　別客氣，今天要麻煩您了。

木村　這間萬畫館是以石之森老師為首，由眾多大師協力打造而成的博物館。為了表示敬意，入口處設有感謝名單的手印展示。

佐藤　竟然有這麼多。這些人全是漫畫家對吧？

木村　絕大多數是，不過也有其他行業的人士……

佐藤　啊～原來如此。

木村　這裡展示的手印，都是跟石之森老師有密切相關的人士。

佐藤　這個是藤岡弘先生嗎？

木村　是的。

佐藤　只有他一個人壓得特別深呢。

木村　啊哈哈哈！

佐藤　力道跟其他人完全不同。

木村　這邊是飾演假面騎士二號的佐佐木（剛）先生。

佐藤　哇～

木村　萬畫館成立的契機是起於當地市民與石之森老師交流後，熱切地希望以漫畫來進行地方振興，於是展開活動，並受到眾多大師的支持。

佐藤　原來如此。

木村　最後方則是石之森老師的手部雕像。

佐藤　可以握手喔？

木村　是的。

佐藤　（握手）請多指教。

木村　接下來請往館內前進。

木村　健先生在震災發生後，曾蒞臨過萬畫館對吧？

佐藤　是的。

木村　因為館外用來補強碎裂玻璃窗的木夾板上面，有您留下的訊息……那些文字非常激勵人心，讓我獲得了力量。

佐藤　過獎了。當時館內好像沒有開放……

木村　對，還沒有恢復營業。

佐藤　我想也是。所以這是我第一次進來。

木村　首先，這邊是石之森老師的介紹專區。也有紀錄以石之森老師為首，眾多作家聚集在手塚治虫老師的故居常盤莊，在那邊度過的精采生活等軼事。

佐藤　就是那個有名的常盤莊。石之森老師是石卷在地人嗎？

木村　他來自隔壁的中田町，也就是現今的登米市，距離這邊大約四十分鐘車程。據說他熱愛電影，常跑來石卷這裡看電影。

佐藤　原來是這樣。

木村　這附近原本有間叫岡田劇場的電影院，現在已經被海嘯沖走了，聽說他生前

常常騎好幾個小時的單車去那邊看電影。接下來，這邊開始是常態展示間。懸掛在入口處天花板的這個藝術品，乍看之下只是單純的大鐵塊，其實當下方有人經過時會打下聚光燈，在地板上映出《人造人００９》的剪影。

佐藤　真的耶！是光影藝術呢。

木村　是的。但大多數人都沒發現，直接走過去（笑）。

佐藤　沒有提醒的話，的確很難發現呢。是隱藏機關。

木村　館內有幾個類似的裝置，我們稱為隱藏展示。接著這一區則是石之森世界，透過影像來介紹石之森老師的代表作，分為特攝、漫畫與動畫三大類。這裡會播放歷代假面騎士的變身畫面，當然也包含電王在內。

佐藤 人數應該很可觀吧。大概三十？還是更多？

木村 是的。光是《假面騎士》系列作就有三十六部。比起石之森老師本人，萬畫館的定位更加聚焦在作品上。首先是《人造人009》專區，接下來是《假面騎士》專區。

佐藤 哇，1號！現在看還是覺得很帥氣～！

木村 的確是。

佐藤 每次看到都還是覺得雞皮疙瘩，好震撼。設計得很精巧又帥氣。

木村 今年正逢《假面騎士》五十週年呢。

佐藤 啊！對耶。但還是1號最經典吧。儘管當時年紀還小，但我很喜歡他的頭部造型，或者應該說這種圓滑的線條感。初期的這種設計相當出色呢。

木村 說得對。

佐藤 順帶一提，我以前最喜歡的是Amazon。

木村 他人氣很高呢。

佐藤 以前很喜歡他。其實我全系列都有看啦，1號啦、V3也都有看。

木村 以您的年代來說，1號算很老的作品了吧？

1974
1975
1979
1980
ストロンガー

1992
1993
1994

佐藤　我是去影片出租店租回來看的。沒有全系列都按時追電視進度。像Amazon也是租來看的。

木村　看來您真的很喜歡呢。

佐藤　對。啊～Stronger也好令人懷念。

木村　您那個年代，電視上播的大概是哪個區段的作品呢？

佐藤　我是一九八九年生，大概是RX那些系列。但我反而不會按時追電視劇，而是跟父母一起去出租店租舊作來看吧。像RX、BLACK那些也很帥沒錯，但還是1號最棒了。設計真的很出色，看來看去還是他最帥。

木村　從這邊開始則是平成騎士系列。

佐藤　空我、鄂門。我也很喜歡空我。

木村　空我那部引爆了熱潮呢。

佐藤　是平成系列的首部曲對吧？

木村　對。小田切讓先生主演。聽說從這時期開始，多了一群會跟孩子一起收看的媽媽粉絲。

佐藤　這麼一想，空我真的是大功臣呢。

木村　啊！正好播到電王的片頭動畫了。

佐藤　啊！在播電王嗎？噢噢！真懷念呢～

木村　電王大約是十五年前的作品嗎？

佐藤　對呀，二〇〇七年。

木村　即使過了這麼久，還是常常有人討論吧？

佐藤　的確是。畢竟現在還是有電王相

《假面騎士電王》（2007～2008 年）／ © 石森プロ・東映

關的電影作品。

木村　當年電王的人氣很高呢。

佐藤　要感謝角色設計得好。

木村　上來三樓之後，這一區則是漫畫工房與閱覽室，收藏約六千冊的漫畫與三百部影片，可以免費自由瀏覽。

佐藤　好像有各種不同風格的漫畫呢，請問是如何挑選的呢？

木村　我們的策展人員會多方蒐集參觀民眾與各界人士的意見。

佐藤　有好多懷舊的漫畫。在這裡待一輩子都不會嫌無聊。

木村　健先生常看漫畫嗎？

佐藤　對，學生時代會去二手書店，隨便挑到哪本就買下來看。因為在沒接觸過的漫畫之中也會找到許多有趣的作品。順便想請問，震災當日是怎樣的情況呢？像這間萬畫館的災情等等。

木村　萬畫館蓋在河川正中央的沙洲之上，六公尺高的海嘯逆流爬升，往這裡一湧而上。當時高度來到將近一樓天花板，幾乎是全毀狀態。

佐藤　當時正值開館時間嗎？

木村　是開館中沒錯，因為是週五。我當時去漁市開會，在那邊遇到地震，然後出

現海嘯警報。其實當時我應該直接從那邊前去避難才對，但我折返了。

佐藤　回來這裡？

木村　對。平常開車只需要十分鐘的距離，花了我超過半小時才回到這裡。抵達之時，客人與館員都已經疏散避難完畢，只剩下我們公司一位員工。聽完他說明疏散過程，我放心地說著「好險好險」。就在這時候，我突然往河邊一看，才發現水位下降到前所未見的低。

佐藤　啊啊。

木村　我心想海嘯要來了，於是大喊「快逃！」並驅車逃難。我當時正好跟秋田橫手市的「增田漫畫美術館」館方人士開會，所以一同折返館內。後來我跟對方一起開車避難，打算過橋後穿越市區逃往地勢較高的日和山，結果遇到大塞車。我忽然看向河岸通往海邊的道路，路上一輛車都沒有，所以我們就開上去，在途中橫切進日和山。大概就在我們上山路的同一瞬間，海嘯來了。當時情況之危急，只要再晚個五秒鐘，我們也會被海嘯淹沒了。

佐藤　咦咦～

木村　我在日和山上待了兩晚，第三天下山。留在萬畫館的那位工作人員在我們前往避難時說了「我隨後跟上」。不過還好他後來繼續留守沒有過來，所以免於一難。要是跟在我們後面，肯定被沖走了，現在想想都覺得毛骨悚然。在海嘯退去後，留守的那位人員引導了原本待在橋邊避難的約莫二十位民眾來到館內。另外還有抓著瓦礫浮在水面上、以及連人帶屋被沖走，待在屋頂上的災民們，加起來約二十位，也受到他的引導而過來避難。

佐藤 當時這裡的一樓安全嗎？

木村 畢竟海嘯是一波波，來來去去總會退的。

佐藤 原來如此，所以抓準時機跑上三樓避難。

木村 是的。來到館內避難的民眾，在等待自衛隊過來救援的五天期間，都是在三樓這裡度過的。

佐藤 當時有停電嗎？在一片漆黑中度過？

木村 對。我們這裡每年夏天都會舉行「石卷漫畫點燈祭」，碰巧館內有存放活動時使用的大型蠟燭，就靠這個照明。另外，這間房間的隔壁就是咖啡廳，所以有庫存的食糧。

佐藤 大家就一起分享資源。

木村 是的。而且白天沒事做的時候還可以看漫畫呢。

佐藤 對耶。避難當時的氣氛如何呢？

木村　災民的性別與年齡都各有不同，大家在互助與互相鼓勵下撐過去。女性會陪其他家的孩子玩；男性會去找可以進行烹調的器具，還有幫忙綁繩索讓大家可以過橋。身體狀況允許的人就自行返家；傷者與高齡人士不便通行布滿瓦礫的橋面，就留在這裡。災民中也有需要洗腎的患者，就帶他們前往醫院。

佐藤　認真說，避難的那五天期間，這裡有沒有漫畫可看真的差很多耶。

木村　的確是呢。

佐藤　至少在閱讀的時間裡，多少能夠忘卻現實痛苦，專注在別的世界吧。我想應該有許多人被漫畫救贖到。

木村　我聽說大人也會讀給孩子聽。

佐藤　畢竟整整五天活在漆黑中，真的很漫長又令人不安啊。

木村　是呀。這張照片就是從這間房間的陽臺所拍攝，海嘯來襲之後的景象。

佐藤　哇～

木村　這裡是河，這裡是橋，但已經被水淹沒了。然後這張是隔天早上的萬畫館館前景象。橋面也成了瓦礫堆，所以另外綁繩索來恢復這裡的對外交通。然後這張是館內狀況，我們剛才一路經過的區域。這些是泡水的商品，其他全被沖走了。大約有價值兩千萬圓的庫存全都報銷。震災發生後，我大約花了十天的期間四處奔走，

確認社員與家人的安全。所幸他們全數平安無事，是不幸中的大幸。在那不久後，社員們紛紛來到萬畫館進行復原善後。大家家裡都有災情，都自顧不暇了，所以我叫他們別過來，先處理家裡的事。但他們回絕「不，還是來這裡比較安心」，即使沒人能保證復原後就能重新營業，依然每天都來幫萬畫館進行善後作業。後來也有許多志工開始過來幫忙，他們在震災發生前，每年黃金週都會來這裡辦活動，那一年活動當然辦不成了，但大家還是想來幫附近的孩子帶來一些娛樂。畢竟大人們忙著處理災後復原，而且連車都被沖走了，也無法帶孩子出外遊玩。所以才萌生了想法，在萬畫館舉辦個活動好了。結果這次手工打造的活動，有六千人前來捧場。

佐藤　喔喔！很盛大耶。

木村　但當初在災情那麼嚴重的時期提議舉辦活動，聚集大量不特定群眾，受到了嚴重的撻伐。不過相對地，自告奮勇說要幫忙的人也很多。久違看到許多大人小孩重拾笑容，那一次成為了我永生難忘的回憶。後來歷經一年八個月之後，這裡重新恢復了營業。但這個設施並非生活必要機能，就算沒有這裡，也不影響日常生活對吧？當時的狀況下，還有許多人無家可歸，也還有許多公司不知何時才能復業。老實說我有猶豫過這樣做真的好嗎，實際上也受到不少的責難。但想到大家都在不同的位置上各自咬牙努力著，只是我們碰巧運氣好，在較早的階段恢復營業而已。我想這是多虧漫畫家與漫畫迷等多方人士為我們加油打氣，成為我們的助力。三月十一日發生震災，我們公司也在三月三十一日解雇了所有人員，因為覺得做不下去了。但是，時隔一年八個月重新開幕時，所有員工全數回歸了。

佐藤　所有人!?

木村　是的。

佐藤　好驚人。

木村　當時有一部分的人已經有其他工作，不惜辭職也回到這裡。

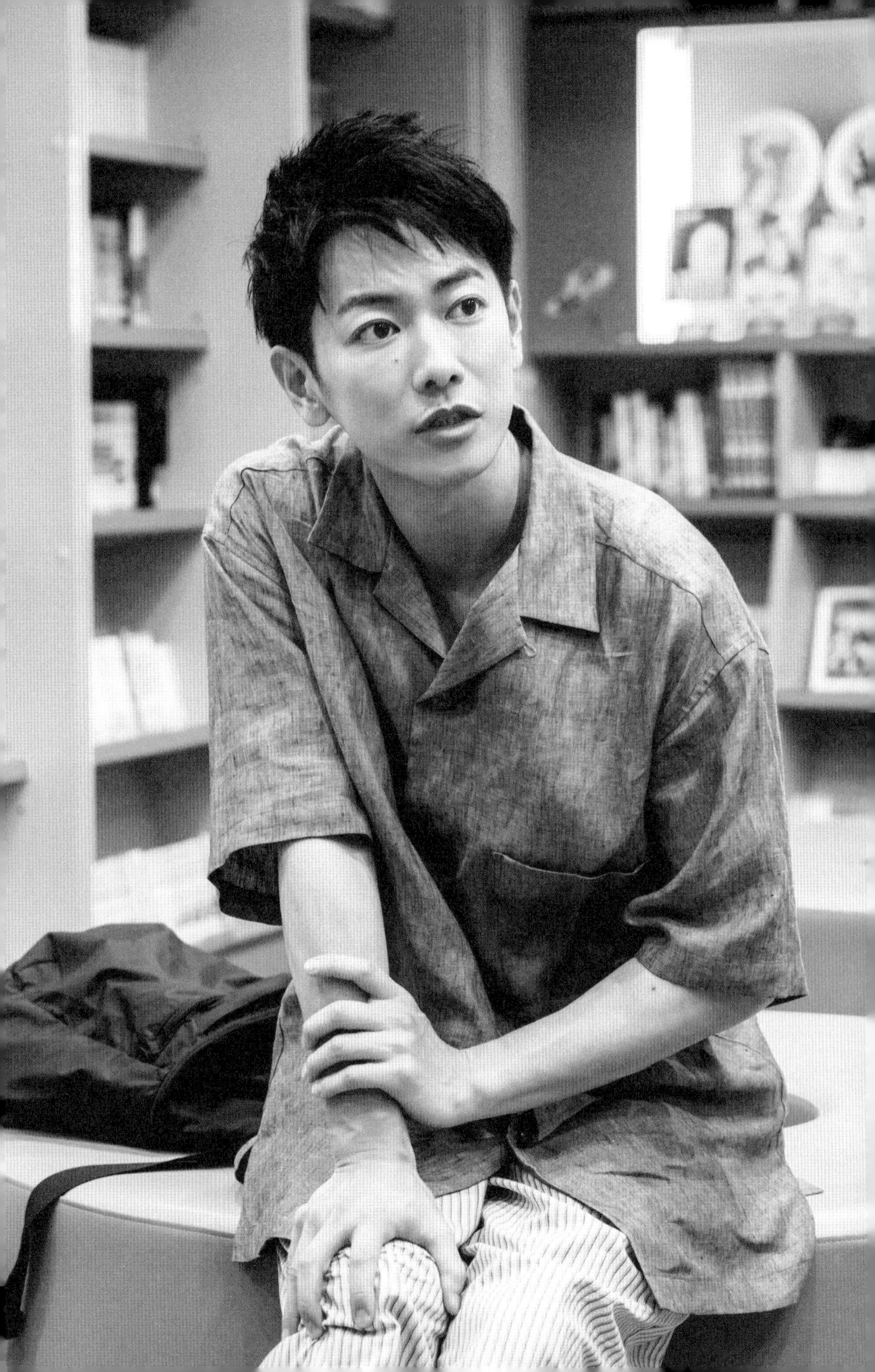

石ノ森萬画館新聞
「萬画館」誕生
石ノ森マンガの歴史宿す
中瀬に宇宙船が着陸!?
商店街盛り上げに一役
喜び、分かち合う
マンガのチカラ、ここに集結

佐藤 真是感人。

木村 在重新開幕的典禮上，我召集了所有社員出席並進行致詞。當時聚集的人潮有這麼多。

佐藤 重新開幕時嗎？

木村 大概三千人。

佐藤 唔哇~好誇張。大家果然期盼已久呢。

木村 的確是。讓我體悟到震災讓生活變得很艱困，但大家還是渴望著生活中有一些娛樂與期待。雖然現在也正為新冠疫情所苦，但我想跟當年是一樣的。其實萬畫館即將在後天迎接開館二十週年，但受到疫情影響而無法舉辦大規模的典禮。在這個具有里程碑意義的時間點還是想做點什麼，所以就製作了集結二十年歷史的報刊。包含第一年開幕現況、石之森老師首次來訪石卷的報導，以及目前為止舉辦過的各種活動等等，透過在地報社的協助統整。之前正在籌備，想把成品寄送或親手遞交給過去關照本館的各方人士，正好今天印好的成品交貨了。

佐藤 原來是這樣。二十年啊……

木村　是的。如果回程有時間的話請看看。

佐藤　謝謝。我不太記得十年前來訪時是幾月了。四月來著？當時復原進度還很慢，只能止步於入口處，也完全沒有人煙。

木村　那時可能處於束手無策的困頓時期吧。這次初次踏入館內的感想如何呢？

佐藤　還是會勾起兒時回憶呢。看到假面騎士1號的展示時，完全喚醒了我孩提時期那種興奮雀躍的心情。但真的要感謝有一群人在震災時仍不放棄、努力復興，耗費了兩年重新恢復營業，並且持續至今將近十年。後天就要迎來二十週年了呢。讓我想再次感謝過去參與石之森萬畫館營運的所有人士，並且體認到當時堅持重新開幕這件事是極具意義的。實際上也真的鼓舞了人心，讓我了解有很多人從這裡獲得了力量。

木村　這些人反而也成為了鼓勵我們的動力。我抱著盡可能報答各位恩情的心態努力至今，今後也會謹記這份心情繼續努力下去。

栗田博物館

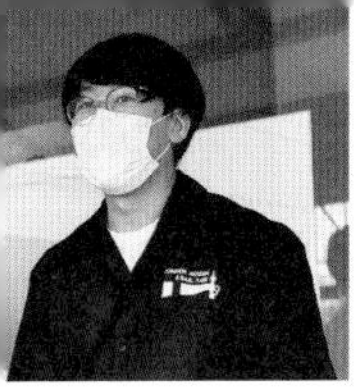

高橋尚史先生
（栗田博物館）

「栗原田園鐵道」被暱稱為「栗田」，在當地是廣受大家喜愛的一條單線鐵路，可惜在二〇〇七年已經廢線。為了將其歷史永傳後世而誕生的「栗田博物館」，館內有栗田鐵道相關珍貴資料的展示，以及使用過去實際上路的車體所製作的模擬行駛體驗設施。身為鐵道迷的神木隆之介，今天來到此地進行訪問。

高橋　您好。我姓高橋，在栗田博物館擔任館員。請多多指教。

神木　今天要麻煩您了，我是神木。

高橋　感謝您今日蒞臨栗田博物館。

神木　不，別客氣。

高橋　聽說您是鐵道迷，如果有任何好奇的問題都歡迎詢問。

神木　好，請多多指教了。

高橋　那請先從這邊的櫃檯領取入館券。

神木　噢噢！是硬票（厚紙型的票券）。謝謝！

高橋　栗原田園鐵道直到廢線前，都是使用硬票喔。

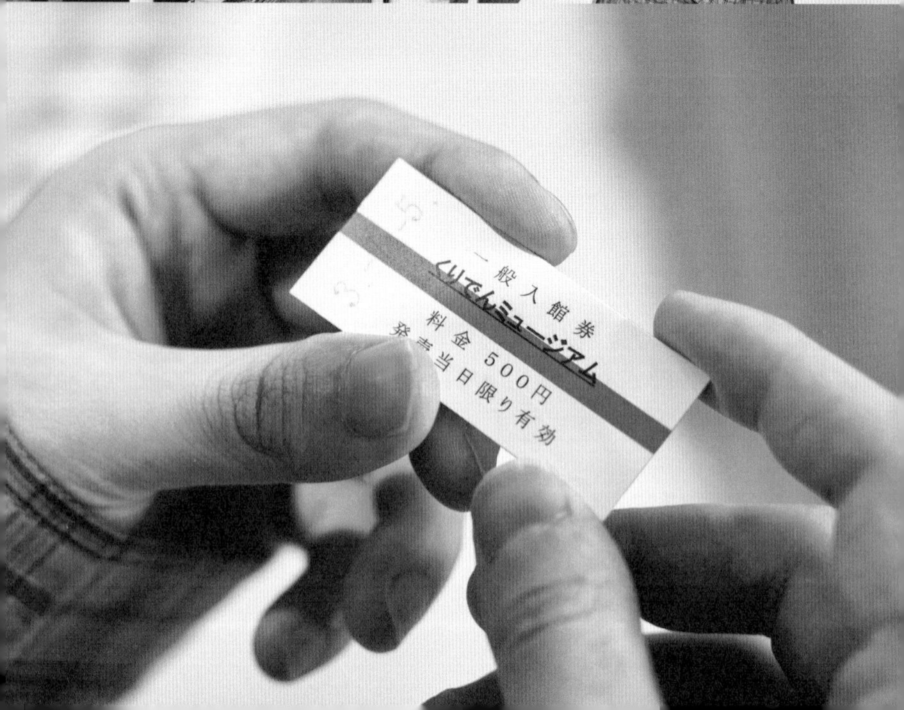
一般入館券
くりでんミュージアム
料金 500円
発売当日限り有効

神木　是喔～！

高橋　車站也沒有設置自動剪票機，一直以來使用復古的人工剪票方式，所以博物館也想延續這個傳統。

神木　真還原耶。

高橋　那臺軋日機（印製車票日期的機器）也是當年流傳下來的設備。

神木　哇～！好驚人。哎呀～還沒開始參觀就很興奮呢。

高橋　謝謝誇獎。右手邊可以欣賞到栗原田園鐵道時代的十六個車站所有站名牌。進入裡面之後，這裡是停放車頭的動力車庫與維修庫。前面就是過去實際使用的車庫。

神木　哇～！啊！好壯觀！保養得非常乾淨呢。

高橋　是的。可以靠近一點參觀。

神木　唔哇！好驚人喔～可以進去（車體）下面嗎？

高橋　是的。

神木　要進去看看嗎？

神木　可以嗎？

高橋　嗯嗯。

神木　哇，畢竟平常不可能有機會踏進這裡呢。
高橋　的確是，感覺您很開心。
神木　哇噢～好驚人。
高橋　還殘留著燃油味對吧？
神木　有聞到！好驚人。這是專門拿來鏟雪用的嗎？
高橋　栗駒地區積雪很深，所以車上設有鏟雪機。
神木　平常只能從車站上觀賞電車。
高橋　沒有從這個角度看過車體吧？
神木　從沒體驗過。好大！不對，好帥氣！
高橋　可以摸摸看沒關係。
神木　真的可以嗎!?哇～果然啊，這角度真棒～好震撼啊。唔哇～哎呀，真不錯呢。太讚了～
高橋　接著進入車廂裡吧。
神木　好！
高橋　車體全長只有十二公尺，屬於規格相當輕

巧的車輛。

神木　這條線路上只有一個班次運行嗎？

高橋　基本上是兩班次運行。您應該有持續聽見聲響傳出，是這裡的模擬行駛體驗裝置。

神木　天啊！

高橋　如您所見，我們的模擬行駛體驗裝置的特色，就是直接連接實體車輛來進行駕駛。

神木　這很厲害耶，非常罕見。

高橋　那麼事不宜遲，想請您來體驗一下模擬駕駛好嗎？請入座。

神木　哇～

高橋　這個模擬體驗是設計成行駛途中可以蒐集金幣，加入了遊戲趣味性，同時測試體驗者的行駛技術。

神木　原來如此。

高橋　依照遊戲分數分成實習級、業餘級、專業級、高手級，以及最高分的傳說級。

神木　我懂了。

高橋　以您的程度，我想至少能達到專業級。

神木　我可以請教一個問題嗎？車站長度有幾公尺呢？從進入月臺到停車點的這段距離。

高橋　應該有二十公尺。

神木　我明白了！

高橋　如果能獲得專業級以上的分數，我們有為您準備禮物。

神木　真的嗎？

高橋　請加油了。

神木　我會努力的。

高橋　前方的畫面相當細緻地還原了當年的景象。

神木　好厲害，搖晃感也很真實。路線不是一直線而已，非常用心耶。

高橋　可以看到遠方出現黃色箭頭，那就是停靠的位置標。

神木　好。

高橋　大概在標誌前十公尺處都算是安全範圍。

神木　好的。

高橋　噢！誤差值零點零零！我從沒看過有人初次挑戰就玩到零點零零。

神木　啊！真的嗎？

高橋　接下來要過鐵橋了。噢噢！

神木　好！好耶！金幣都拿到了～！

高橋　不但獲得全數金幣，兩次停靠都精

準地達成零點零零。恭喜過關！

神木　太棒啦～謝謝。

高橋　等一下會顯示遊戲成績，請看一下畫面。

神木　好。我剛才超緊張的。

神木　好耶！傳說級！

高橋　您駕駛時的架勢完全不是玩玩模擬器而已。

神木　真的嗎!?

高橋　就像實際上路一樣。

神木　哎呀~真開心。零點零零！

高橋　等您準備離開時，我們會把準備的禮物交給您。

神木　好耶！我很期待！

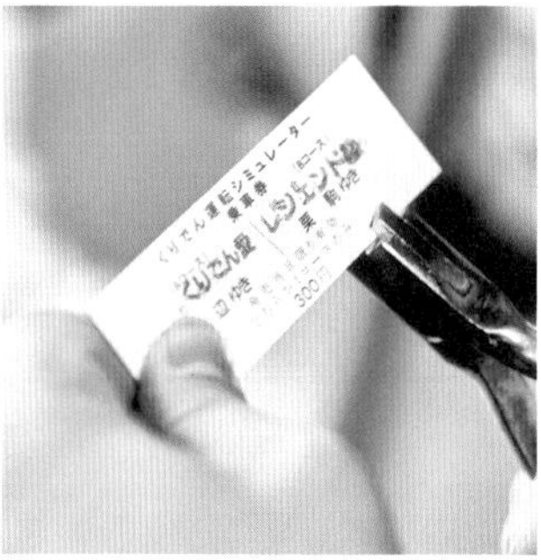

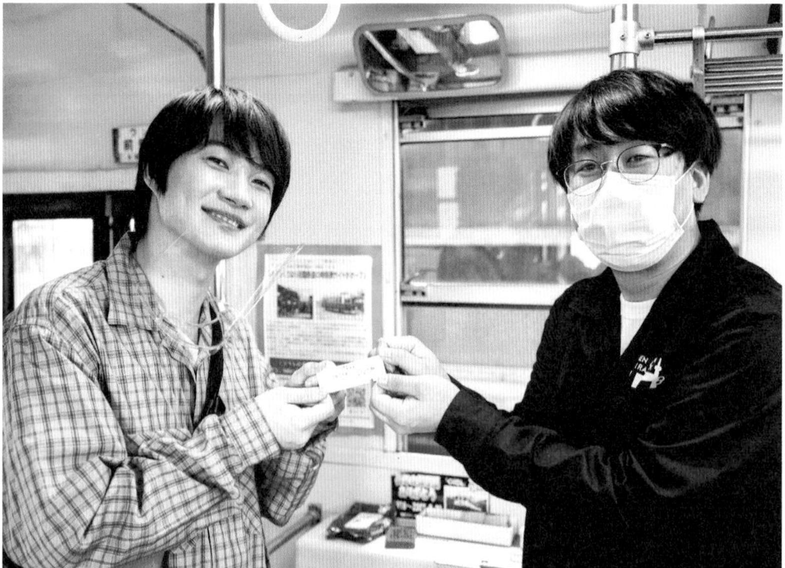

300年以上
続けられてきたお祭り

千田順一先生
（栗田博物館）

高橋　剛才完整地參觀了博物館一圈，麻煩再回到入口處。

神木　好。

高橋　為您介紹傳說級的禮物，以及禮物頒獎人。這位是千田順一先生，目前在栗原田園鐵道博物館內擔任駕駛員。

千田　我姓千田，請多多指教。

神木　我是神木，請多指教！

千田　恭喜您成為栗田傳說級駕駛！

神木　謝謝！

千田　這是我們準備的驚喜禮物，請您去駕駛停在對面月臺的列車，實際體驗上路吧！

神木　咦!?真的嗎!!?真的假的!!?咦！真的可以嗎!!?

千田　可以的。

神木　咦咦!?

千田　這是為了神木先生特別準備的，麻煩您了。

神木　咦咦~真的可以嗎!?

千田　是的，請。

神木　天啊……我真的有這榮幸嗎？

千田　可以的。

神木　太開心了。咦咦!?可以親自駕駛嗎？

千田　是的，沒問題。這趟旅程長度為單程九百公尺，來回共一千八百公尺。

神木 咦!?可以開那麼遠嗎？

千田 對，請您體驗看看。

神木 麻煩了。

千田 那我們就去瞧瞧吧！

高橋 請問您有駕駛電車的經驗嗎？

神木 沒有。都是玩模擬器或《電車GO！》系列電玩遊戲。

千田 所以是第一次實際上路囉？

神木 而且還有九百公尺，這已經是正式運行的距離了吧？

千田 的確是。

千田 先請您在站內進行練習，來回行駛兩趟一百五十公尺，習慣之後再正式出發。

神木　要開九百公尺這麼長啊！人生中第一次上路就要挑戰這麼遠。

千田　時速大約在二十公里，單程大概需要三分半吧。

神木　天啊～超開心的。

千田　心情很亢奮嗎？

神木　亢奮到不行。

千田　準備發車！
神木　好的，出發行進！
千田　可以鳴汽笛喔。

噗噗～！

千田　平常不愧就有在練習呢。
神木　真的嗎？
千田　嗯！駕駛技術很好。一個閃失就可能會開過站，或是停靠得太前面。您控制得很好。

神木　啊啊～真悅耳的聲音。好聽好聽。

千田　好了，駕駛辛苦了～

神木　唔哇～有勞您指導了！謝謝。哎呀～好像一場夢。我開了這輛列車耶～好驚人～！充滿驚喜的珍貴體驗。因為我真的是個鐵路迷，從小就玩《電車GO！》系列遊戲，也跟母親去一睹列車實體。哇～真是太幸福了。非常感謝。

千田　下次請務必再來玩。

書籍
文具
堂
から

STATION MASTER

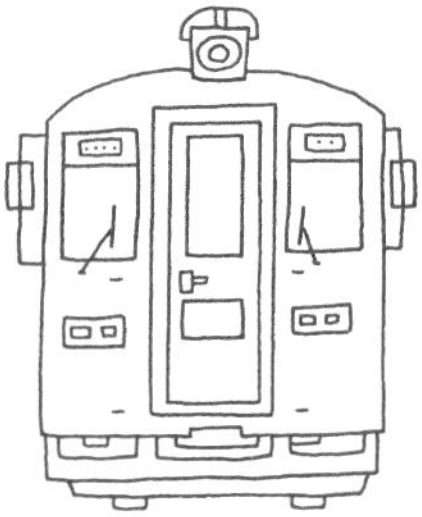

石之森萬畫館

石巻市中瀬 2-7
☎ 0225-96-5055
開館時間　9:00-18:00（12 月～ 2 月僅開放至 17:00）
休館日　每月第三個週二（12 ～ 2 月爲每週二）
※ 遇例假日則順延一天休館。
參觀費　大人 840 圓／國中、高中生 520 圓／國小生 210 圓
https://www.mangattan.jp/manga

栗原田園鐵道公園　栗田博物館

栗原市若柳字川北塚ノ根 17-1
☎ 0228-24-7961
開館時間　10:00-17:00（最後入館時間爲 16:00）
休館日　週二
入館費　一般 500 圓／國小、國中生 300 圓
https://kuridenrailpark.wixsite.com/kuriden

第6章

了解海洋、認識漁業

Fisherman Japan
[Ishinomaki]
Tsurukame no yu
Tsurukame Shokudo
[Kesennuma]

Fisherman Japan

長谷川琢也
（Fisherman Japan）

「Fisherman Japan」的創立契機是東日本大震災，他們以「展現漁業魅力」為概念，是由東北地區年輕漁夫所集結而成的團隊。這個組織跨越地域與職業的框架，從東北乃至全日本各地，並且放眼國際，提出延續到下一個時代的未來漁業新型態。其實神木參與化石發掘體驗時的指導老師高橋直哉先生，同時也身為Fisherman Japan的理事。愛吃魚的佐藤健今天來訪Fisherman Japan位於石卷的事務所，這裡也是他們主要的活動據點。

佐藤　您好，今天請多指教了。

長谷川　您好。我們這個組織叫做Fisherman Japan，是由受地震重創的漁夫、水產加工廠與魚販等行業的人，在震災後創立的團體。我本身其實是外地人，並不是在石卷出生長大的。不過在一些機緣下，我來到這個城鎮，想振興這裡原有的產業，於是向在地漁夫尋求意見。他們告訴我，其實大約在四十年前，日本的漁獲量曾經是全球之冠。加上日本人也是全世界吃魚吃最多的民族。但這樣的盛況卻漸漸衰退，就算假設沒有震災影響，日本漁業在現狀之下也將面臨逐漸式微的危機，這就是他們目前的處境。這也讓我了解到當地年輕一輩的漁夫所面臨的課題。雖然想設法改變，但漁業給人的普遍印象都是「體力活」、「會弄得髒兮兮」，以及「很危險」。實際上，他們也幾乎每天搏命出海幹活，現實處境讓他們難以做出什麼改變。但在發生震災後，有些人失去了船隻跟住家，有些人連家人都被沖走了，像我們的代表也是痛失摯友。但大家仍抱著「既然倖存下來，就要連同其他人的份一起活下去」的心情重新振作，才讓這個團體得以誕生。所以我們現在的目標已經不僅限於災後復興，而是要振興整體日本漁業，試圖推翻剛才提到的漁業負面印象，宣揚「充滿魅力」、「待遇佳」、「創新」這樣的全新產業形象。

佐藤　充滿魅力、待遇佳、創新。原來如此。

長谷川　我在石卷經營這個團體大約有七年時間了，目前我們的成員包含了在省廳服務的公務員、在大型貿易公司工作的社員等等，各行各業中都有人與我們的理念產生共鳴而集結過來。我們的活動以石卷為出發點，往北去過北海道利尻島，協助當地漁夫成立團體；往南則在最近收到宮古島當地漁夫們的邀請。像這樣來自四方的邀約，讓石卷這個地方逐漸成為中心。當初成立Fisherman Japan的想法就是希望透過我們自身的經驗，在未來有一天能讓全日本陷入低迷的同業們傳遞活力。經過這幾年的努力，這個夢想終於開始實現了。

FISHERMAN
CITY

佐藤　請問團體成員大約有幾人？

長谷川　最初創立時有八名漁夫、三名魚販加上我跟另外一人，總共十三人。如今，把正式社員與團體核心成員的漁夫們全算進來的話，總共有大概三十人。我們在這個城鎮裡主要投入於漁夫的人才培養。現在就算有人想當漁夫，也不得其門而入，所以我們也會幫這些人跟有意收徒的前輩進行媒合。

佐藤　原來如此。

長谷川　我們大概拉了五十個人進來當漁夫，再加上受到我們影響而重拾動力的同行，以及其他新進的生力軍，我可以有自信地說，這十年間擴大這產業的規模，成果高達好幾百人。

佐藤　畢竟漁業要是沒落，就真的令人頭大了。

長谷川　您是這麼想的嗎？

佐藤　真的會非常傷腦筋。

長谷川　您喜歡吃魚嗎？

佐藤　非常喜歡，也很熱愛壽司。

長谷川　原來如此。其實之前甚至有研究報告指出，我們目前食用的各種海魚有可能在二〇四八年滅絕。

佐藤　哇，是喔。

長谷川　如我剛才所說，日本人曾是全世界捕魚捕得最多的民族，所以我們必須背負起連帶的責任。但是，事到如今才開始呼籲保護魚種，實在為時已晚。我國也為此受到來自國際的各種責難。所以我們才開始提議，透過本團體舉辦

FISHERM
JAPA

的活動，號召更多人來守護海洋。像最近出現的「永續海鮮」這個名詞，也是我們現在努力推廣的目標。

佐藤　「永續海鮮」具體來說是什麼呢？

長谷川　簡單說明就是海產分為野生與養殖兩類，捕野生魚時如果把帶卵的魚全數捕撈，就會導致滅絕。所以由全球各國共同協議，限制每個時期的捕獲量，只有在遵守這項規範下捕獲的漁產，才能得到永續海鮮這個國際認證標章。

佐藤　原來如此，我懂了。

長谷川　至於養殖業方面，也同時提倡「責任養殖」。比方說飼料撒放過量會造成淤泥產生，或是人為養殖的外來種逃脫之後捕食當地原生種，造成生態系失衡。為避免這些問題發生，所以設立相關檢驗，全數通過者就能獲得永續養殖漁業的認證標章。

佐藤　原來是這樣。順便請問，通過永續海鮮認可，能貼上認證標章的商品數量，目前在全日本占多少呢？

長谷川　目前還很少。其實以漁產品種類來說的話，宮城縣是取得最多認證的地方。像我們有在仙台機場直營一間海鮮丼餐廳，食材就是使用永續海鮮。我們正在努力一步步進行啟蒙。

佐藤　我是第一次知道這些事，學到了很多。

長谷川　謝謝。希望您以後能多關注這方面。另外像是鰻魚及鮪魚，是大家普遍食用的常見魚類，其實也屬於瀕危物種（有高機率面臨滅絕的物種），真的必須加強相關意識。

佐藤　鮪魚也包含在內!?

長谷川　是的。尤其是鰻魚，近期被新列入瀕危物種紅色名錄(*)，也就是真的面臨滅絕危機，情況越來越危急。大家如果有清楚認知到這點，應該也會減少食用了。

佐藤　真的有道理。

長谷川　我自己原本也對這方面一無所知，在震災的契機下來到這裡，才得到了許多人的指教。覺得有沒有這一層認知，差別真的很大。所以我認為先從「了解」開始是非常重要的。我自己並不是漁夫，主要負責陸上的管理事務，希望在漁夫出海拚命的同時，我能向更多人推廣漁業相關知識。對了，剛才都沒好好自我介紹，我的本業是在雅虎公司上班的上班族。

佐藤　啊！目前也是嗎？

長谷川　對。我同時身兼多職，並且利用雅虎平臺經營一個宣傳海洋相關知識的媒體「Gyoppy!」（現為「Yahoo!Japan SDCs」），另外也有在大學授課。漁業跟水產是冷門領域，入門的門檻比較高，但只要引起對方的好奇心，其實對這方面有興趣的人也不少，像健先生剛才也說過很愛吃魚。比如說從美食這方面切入，啟發他們新的想法。像我自己也是透過體驗，搭上漁船後獲得無比感動。而且漁夫的背影真的充滿魅力，從中深深感受到一股類似生命力的能量，所以我也會製作相關影片來傳達給更多人。

佐藤　哇～我也很喜歡鮪魚，海鮮類其實我都很喜歡，也愛吃貝類。

長谷川　啊！您喜歡貝類嗎？石卷這裡的牡蠣、帆立貝都很有名。

佐藤　這兩樣我最愛了。

長谷川　真的很好吃呢。其實我本來不敢吃魚。

佐藤　咦!?

長谷川　在來到這裡之前。但自從搭船體驗時吃到現捕的之後，就變得敢吃了。

（＊）日本版紅色名錄中未將鮪魚列入評估對象（棲息區域不限於日本國內）。在ＩＵＣＮ（國際自然保護聯盟）公布的紅色名錄中，鰻魚在二〇一四年被列為「瀕危」，二〇二〇年進行的再評估也維持同等級；太平洋黑鮪在二〇一四年列為「易危」，二〇二一年九月四日則更新降為「近危」。另外，「瀕危」、「易危」為ＩＵＣＮ版本的分級譯名，對應日本環境省版本的分級則分別為「瀕危１Ｂ類」、「瀕危２類」。

FISHERMAN
JAPAN

佐藤　果然現捕現吃就是不一樣吧。

長谷川　截然不同呢。

佐藤　長谷川先生原本是為了當志工而來到石卷嗎？

長谷　是的。其實我生日就在三月十一日，在當天發生那樣的事情，讓我坐立難安。當時我也在雅虎上班，所以住在東京，來到石卷當志工幫忙清理淤泥、為災民煮熱食等等。但我漸漸覺得自己該做的不應該只是這些事，開始思索如何盡一己之力。我想到或許能利用企業資源來幫忙振興東北地區，便向雅虎提案，讓我在當地創立一間事務所，結果公司很爽快地答應了。

佐藤　真不得了。

長谷川　我在距離這裡幾步路的地方開了一間雅虎的辦事處，雖然在今年三月，也就是成立第十年的這個時間點熄燈了，但過去在那裡跟東北許多人士建立了連結。

佐藤　真是佩服您的行動力。

長谷川　不不不，過獎了。一開始我連魚都不敢吃，也不會喝日本酒，而且其實我還不會游泳。害怕的我連要搭個船都覺得心驚膽戰，但身為一個傳播者，我認為自己有義務多親近海洋，所以開始上船，並且克服了吃魚。漁夫們告訴我，這裡的魚跟日本酒都是在同樣的空氣與水源下誕生的，一樣美味，所以我也學會喝日本酒

了。

佐藤　哇～

長谷川　最近，有保護海洋環境功能的海藻正面臨全球性的減少，我現在從事的工作就是所謂的「海中森林」保育行動。以山來比喻的話，就是多種點樹對吧？而被稱為海中森林的海藻，現在正處於危機之中。海藻一減少，魚就沒有產卵的地方了。另外，海藻還有吸收二氧化碳與排放氧氣的能力，現在卻快消失了，所以我展開潛入海底種植海藻的行動，就像上山種樹一樣。為此我也取得了潛水證照。

佐藤　好厲害！

長谷川　雖然我目前還是不會游泳，但他們說只要背著潛水氣瓶就沒問題了。

佐藤　原來如此，就算不會游泳還是可以考潛水員喔？

長谷川　可以的，能考潛水員跟潛水證照。身為在都市出生長大的人，來到這裡之後果然會有各種切身的體悟。身處在大自然裡，以地球的角度來看，人跟海洋生物在某種層面上並沒有不同。深刻感受到大家都是共存在地球上的生物，該說更有親臨感了嗎？在東京時，我對於自己的行動能造就什麼改變，又能傳遞些什麼，是非常茫然又模糊的。來到這裡之後，能感覺到自己的想法有更清晰的輪廓，也在這裡實際付諸許多行動。

佐藤　很棒的經歷呢。這一趟讓我得到了許多新知。像是漁夫逐漸減少，以及現今漁業本身就有許多需要面對的課題，例如永續經營。這些都是一般人日常生活中不會接觸到的事情。

長谷川　東北震災距今也已經過了十年，現在各地都有不同的災害發生，我們大家也討論過是否別再聚焦於「東北」了。最近也有實際感受到，當我們不再局限於東北，而是設法拯救整體海洋環境，這個觀點在全國各地受到了有所共鳴的人群支持。這也驗證了我們都活在同一片大海上，所以更需要放眼國際。像最近我們就有參與協助振興非洲漁業的專案等等。我的想法是希望能以代表日本的立場，今後持續活動下去。

佐藤　太棒了，很值得欽佩。

長谷川　那個原本不會游泳、討厭海邊又不敢吃魚的我，現在能像這樣充滿熱情地跟健先生介紹海洋與魚類，到頭來這還是最佳的證明吧。當初要踏入這領域的我已經站在最糟的起跑點了，對大海也很陌生懼怕。所以我覺得，只要是稍微對海洋跟魚類有點興趣的人，若能觸發他們的開關，一定會對大海產生更多熱忱吧。如果可以增加更多像我這樣的人，日本跟全世界的海洋環境或許有改變的機會。

佐藤　很棒的想法，我被打動了。這個想法一定能吸引大家支持的。

長谷川　謝謝。希望未來有機會能請健先生一起搭船。

佐藤　有機會一定要的。

鶴龜之湯
鶴龜食堂

氣仙沼身為日本漁獲量首屈一指的地區，其中鰹魚、劍旗魚與鯊魚的卸貨量更位居全日本之冠。今天由根岸Ema女士為我們導覽正在進行鰹魚卸貨的漁市，她也是公共澡堂「鶴龜之湯」與漁市前食堂「鶴龜食堂」的管理人。她踩著英姿煥發的腳步穿梭在工作中的男性漁夫之間，為我們介紹諸位船長，俐落身段令人不禁著迷。Ema女士親自操刀處理漁夫熱情送上的鰹魚，現做的鰹魚丼讓神木隆之介也為之感動。本次神木訪問的對象就是這位Ema女士與提攜她的兩位前輩齊藤和枝女士、小野寺紀子女士。

根岸　從六月開始，一路到大概十一月為止，來自宮崎、三重與高知等南部地區的漁夫們會跟隨鰹魚的洄游路線，來到氣仙沼這裡的三陸近海處捕撈，然後在這裡卸貨。他們的漁船幾乎固定每週在氣仙沼這裡靠岸，等到十二月再回去家鄉，所以被稱為旅船。

神木　哇～好驚人。

根岸　我們靠近點參觀吧。

漁夫　要不要拿一條鰹魚走？

根岸　謝謝！可以請教一下挑鰹魚的訣竅嗎？

漁夫　鰹魚要選肥美又長得端正的。像這條包準沒錯。

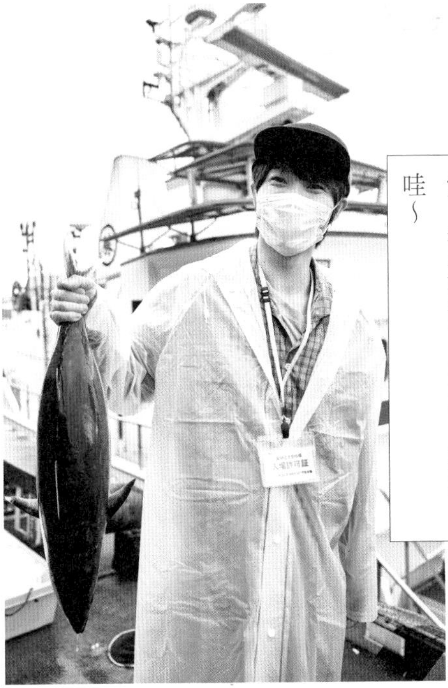

根岸　神木先生請拿拿看。

神木　可以嗎？好重！真可愛。很光滑耶。天啊，好重。哇～

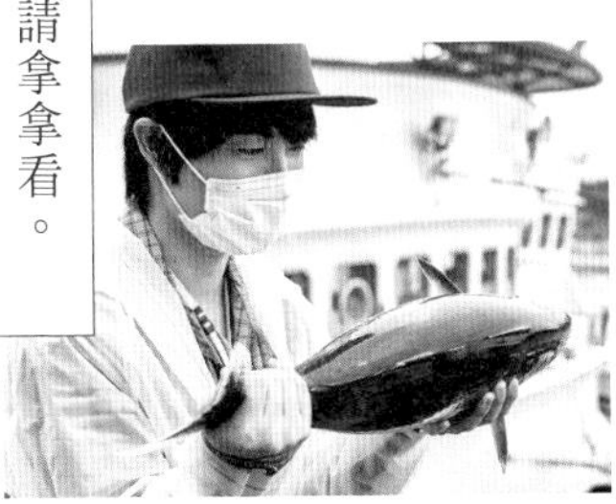

根岸　那就是我們今天的早餐了。現在就來進行料理吧。

神木　咦咦～！真的假的!?真的可以享用嗎!?

神木　這麼豐盛!?咦!?不敢相信!?我沒吃過！從沒吃過這樣的鰹魚。超好吃的。全新的體驗。

根岸　這就是氣仙沼的鰹魚！

小野寺紀子女士
（一般社團法人歡迎Produce代表理事）

齊藤和枝女士
（一般社團法人歡迎Produce理事）

根岸Ema女士
（一般社團法人歡迎Produce理事）

神木　各位早安！

根岸、齊藤、小野寺　早安～！

齊藤、小野寺　歡迎來到氣仙沼～！（拍手）

神木　謝謝！

齊藤　真的很開心您光臨本地～

神木　不不不，別客氣。剛才Ema女士為我導覽了漁市場。

小野寺　氣仙沼這裡是許多漁船停靠與卸貨的地方，這裡的漁獲有七成都是來自外地的漁船喔。像是宮崎、高知等地區。

神木　我剛才聽到也非常驚訝。

小野寺　包含震災當年在內，氣仙沼的鰹魚卸貨量連續二十四年位居日本第一，也是多虧上述的外地漁夫，在半年期間以氣仙沼為基地進行捕撈的關係。這些漁夫的漁船規模也不大，在卸完貨到下次出港之間的空檔，會來氣仙沼的公共澡堂泡澡。原本有一間名為「龜之湯」的澡堂提供這樣的服務，在地震後也經過修復並重新恢復營業。但後來接到通知，當地的土地需要進行加高工程，必須先暫時拆除建物。結果估算出來的重建費用大約需要八千萬到一億圓，店主夫婦倆年事已高，又申請不到全額補貼，所以正為了不得不歇業而煩惱。我們得知這件事後，其實最初完全沒想過自己接手經營。不過，我們四處詢問「澡堂該怎麼辦？」，也直接向市長提出「不如在漁市的頂樓蓋個澡堂」的方案。

齊藤　對對對，直接向市長請願。

小野寺　採取了這些行動後，經歷各種波折與考量，最終決定由我們自己來經營。但是，光靠四百四十圓的澡堂使用費，要支付八千萬到一億圓的費用，肯定難如登天對吧。

神木　的確是。

小野寺　於是，在我們想方設法又反覆碰壁的時候，聽到了一個消息，說可以找這種移動車房式的浴室設備中古買賣。

神木　噢噢！

小野寺　這些全是二手的。

神木　原來如此。

小野寺　店面也是。

神木　哇～

小野寺　當我們覺得，若能買到二手設備的話或許能成功，正式開始思考經營的可能性時，又想到由於大家受海嘯災情影響，都搬了新家或是遷移到社會住宅，人人

ゆ
銭湯番台
こちら

ゆ
銭湯
鶴亀
つるかめ
気仙沼
食堂

家裡都能泡澡了，這下子澡堂真的只能成為漁夫專用設施。而且這些捕鰹魚的漁船冬季不會過來，一年大約有一半的時間都做不成生意，從經營層面來說實在很困難。後來我們討論，不然就請食堂的阿姨來兼任澡堂櫃檯，負責招呼客人好了。在泡完澡後若能喝上一杯啤酒就太享受了。

神木　聽起來很棒耶。

小野寺　漁夫他們大概從早上六、七點就在喝酒了。

神木　原來如此，因為那時候才能休息。

小野寺　嗯，沒錯。卸貨是最後一項工作，結束之後下工來洗澡、喝個啤酒，下午一、兩點再出港，他們的作息大概是這樣。

神木　啊，很早就要上工了耶！行程好緊湊……

小野寺　就是呀。除非遇到颱風。

神木　這樣喔～

小野寺　我們的生意一直以來都是倚賴外地來的人們才做得成呢。這個文化也是因為他們才形成的，所以澡堂本身真的不是什麼大不了的設施。

宮崎 竜喜丸
宮崎 第58孝洋丸
宮崎 第88福徳丸
宮崎 第78福徳丸
静岡 第11福栄丸
高知 第8日昇丸
宮崎 十八号清龍丸
第5清龍丸
第63佐賀勝丸

岩田浩子
AKIHIKO OKA
竜喜丸
福徳丸

神木　不不不。

小野寺　其實漁船上也有附設小型浴室。但是船上的衛浴設備使用海水，所以還是來到氣仙沼入港靠岸後，使用淡水跟泡澡劑的澡堂裡好好泡個澡，舒展一下關節，才會讓他們感覺到「啊啊，來到氣仙沼港口靠岸真好」，我猜大概是這樣吧～

神木　哇，太棒了。

小野寺　或許我們只是希望能讓他們獲得一種歸屬感吧。

齊藤　船隻一進入氣仙沼港口，大家都會開心地前去迎接「啊啊～歡迎回來，這趟辛苦了」這樣。

神木　很溫馨呢。

齊藤　希望能讓「歡迎回來」的親切氣氛也逐漸滲透整個城鎮，讓這裡變成一個避風港。

神木　太棒了～畢竟泡澡是很重要的啊。能不能充分舒展身體，對於抒解疲勞來說差別很大呢。我自己也因為外景需求而常跑外地，其中也包含一些只有淋浴設備的海外地區，在結束工作回家之後泡入浴缸裡，會覺得「啊啊，真是太讚了～」

根岸　會有一種回到家的感覺呢。

小野寺　沒錯～

神木　泡澡真的很重要。

齊藤　我們也是地震災民，當時度過了好長一段無法洗澡的生活，災後第一次淋浴跟泡澡時，真的感動得想哭。

小野寺　當時只有一臺反射式煤油暖爐可用，然後把兩瓶兩公升的裝水寶特瓶放在前面，用暖爐的熱源來加溫洗澡水。那次大概是睽違十天後第一次洗了簡單的澡。

齊藤　記得當時我因為工作關係去了都市，只有我一個人正常洗澡吧。那時真想哭，心裡好愧疚。覺得家鄉那邊的人都沒辦法洗澡，我卻在這裡泡浴缸。

小野寺　我也是、我也是。

齊藤　然後洗澡這件事也不得了，震災後還上了新聞，是關於浴缸再加熱功能的話題。世界上其他地區的觀眾看了大概會覺得「在說什麼鬼話，住臨時收容所還在意浴缸有沒有再加熱功能」，但有沒有真的差很多。我們這裡氣候寒冷，有再加熱功能的浴缸可以讓頸部以下全泡在暖呼呼的熱水裡，該說這樣很有安全感嗎？當時更加深刻感受到，這種片刻的安寧時光對我們來說有多重要。

小野寺　沒錯。

根岸　那些討海人每天在生死一線之間工作，把漁獲量全貢獻給氣仙沼。所以如剛才所說，我們希望這個港口能讓這些人有歸屬感，大家前來卸完貨也會跟我們說「我回來了」，讓我很慶幸這裡能成為氣氛非常融洽溫馨的地方。

齊藤　Ema很受漁夫們的愛戴呢。

根岸　沒有啦。

神木　真厲害，萬人迷。

齊藤　非常受歡迎。

神木　今天早上在漁市也有很多人跟她打招呼。

齊藤　沒錯，真的是～

根岸　是大家都很照顧我。

神木　話說回來，三位是在什麼的機緣下認識的呢？

小野寺 我們這裡有個女性專屬的「氣仙沼椿會」，由和枝女士擔任現任會長，Ema也是成員之一。

齊藤 椿會原本的成立目的是想款待外來的客人，說好聽一點就是以客為尊，但又多了一點人情味。在這樣的發想下召集到的成員，一開始只有飯店跟旅館的老闆娘，現在則多了許多新來的移居者與年輕人。

小野寺 很多人都踴躍表示想加入呢。

齊藤 我認為對於從外地移居過來的人而言，加入椿會也是一個能融入當地的好機會，所以就廣邀有意願的人加入我們。從震災發生之前，我們就展開歡送的活動，就在漁船出港時向他們說「路上小心」。就這樣延續到地震後，我們現在也會送船出

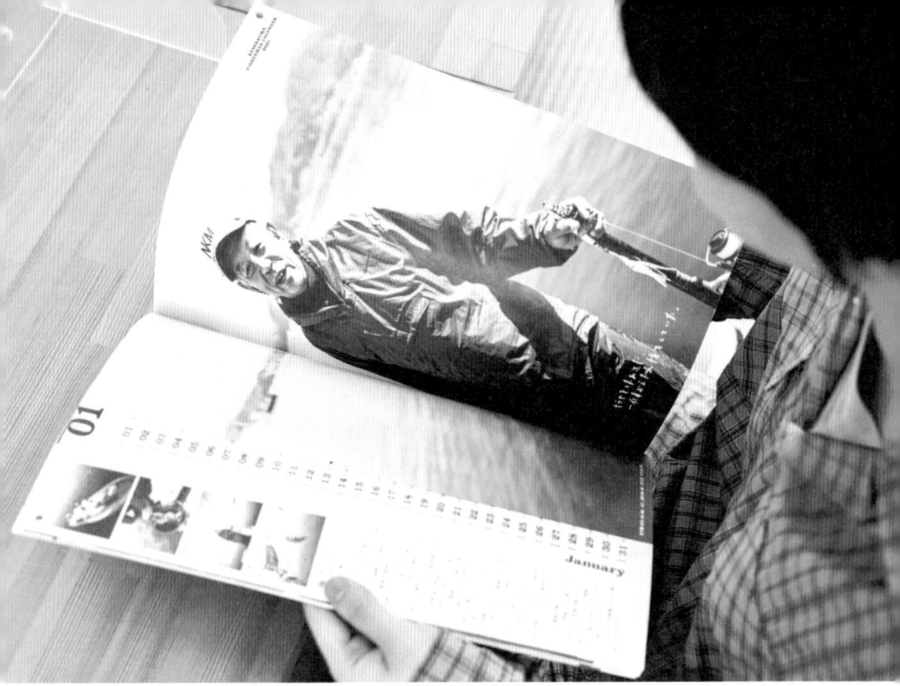

港，還有製作「氣仙沼漁夫曆」這些周邊。

神木　喔喔！這個。唔哇～好精彩！拍得很帥！

小野寺　還有這面旗子。

神木　啊！

小野寺　這也是椿會製作的。

神木　今天早上，旅館的人員有對我搖旗。

小野寺　沒錯～

齊藤　因為我們沒有對外宣稱這是椿會做的旗子。

小野寺　旗子邊邊有印上小小的「Produced by 氣仙沼椿會」。

神木　好難辨識！跟海浪圖案融為一體了。

齊藤　我們沒明說，但在氣仙沼這裡大家都很樂意幫忙搖旗。

神木　喔喔～所以原本是由椿會推動的。

小野寺　因為震災發生後，城鎮陷入一片灰暗呢。

齊藤　街上全是淤泥，黑漆漆的。結果我發現倉庫裡留著一面大漁旗，大漁旗不是都五彩繽紛的嗎？我心想這個真漂亮，反觀整座城鎮卻全是瓦礫跟蒼蠅。

小野寺　蒼蠅！蒼蠅多得很誇張～（笑）

齊藤　因為漁貨也都被沖走了。

小野寺　放在冷藏庫裡的漁貨全被沖到大街上，所以吸引了蒼蠅過來，還有這麼大隻的。

齊藤　很肥的蒼蠅呢，大家都利用寶特瓶製作抓蒼蠅的機關。整個城鎮一片慘澹。所以我起心動念把大漁旗掛起來，想說至少為這裡增添色彩，或許能帶來一點活力吧。後來在震災後首次舉辦「大漁旗祭」時，我們自己第一次發了新聞稿，追求一種隆重登場的感覺。啊哈哈哈！

小野寺　啊哈哈哈！

神木　哎呀～很棒耶！

齊藤　在一片泥濘中，總之先發個新聞稿出去這樣。

神木　哇，真棒。

齊藤　然後就在活動上大聲宣布「有大事要發表囉！鏘鏘！」啊哈哈哈！

小野寺　啊哈哈哈！

神木　然後大家發出「噢噢～」的驚呼嗎？

小野　誰都沒有驚呼，當時沒有一個人吭聲。

齊藤　大家的反應比較像「這人是誰啊？要我們掏錢買這旗子？」。不過，大家當時還是有利用這面旗子，比如在收到援助時會送給對方當謝禮之類。

小野寺　為遠洋鮪魚船舉行「歡送出航」時，也有製作彩帶，目前則有提供這些道具的出租服務，讓觀光客跟漁夫家屬都能共襄盛舉。大家團結一心，搖旗吶喊「一路順風」。

根岸　歡送遠洋鮪魚船出海進行一整年的航行。

神木　喔喔～

齊藤　後來這演變成一種氣仙沼的當地文化，我們在有人要啟程遠行時，都會搖旗歡送。

小野寺　會喊著「下次再來玩喔」、「要再回來喔」，以及「一路順風」這樣。

齊藤　等神木先生要啟程離開時，我們應該也不會對您道別，而是說「路上小心，平安歸來」。

神木　這句話很重要呢，重點是「歸來」。

齊藤　沒錯，是希望您再回來的意思。這裡是大家的港口，或者應該說有避風港的形象，所以我想旅館的人對您搖旗也是同樣想表達「路上小心，平安歸來」。

神木　就像「我出發了」也含有「最後會回來」的意思。

小野寺　沒錯，就是這樣。

齊藤　這面象徵著氣仙沼的旗子現在廣泛受到使用，很令人欣慰。

神木　真是太好了～

齊藤　而且這配色跟氣仙沼的藍天很搭呢～

根岸　沒錯～

小野寺　跟白色的漁船也很搭。

根岸　絕配～

神木　哇，真棒。能打造出一個令人有歸屬感的地方，我真的覺得很棒。我想這是一個很強大的心靈支柱。我雖然也只是個今天臨時跑來的外地訪客，但是能營造出這樣的環境，並用「路上小心，平安歸來」來歡迎異鄉人，我非常敬佩。

齊藤　很榮幸得到您這樣的稱讚。

根岸　好欣慰～

小野寺　一定要再回來喔。

齊藤　只要來過一次的人，在我們這裡都算是親戚了。

小野寺　啊哈哈哈哈！

根岸　像這樣，來訪過一次的人開始再訪，移居進來的人口也漸漸增加，這個城鎮變成年輕人也會想回歸的家鄉。

齊藤　說得對。

根岸　的確有這樣的一群人。

神木　Ema女士就是這群年輕人的代表吧？

小野寺　對呀。

齊藤　沒錯，移居者的代表。就像個中心人物。

小野寺　移居者中心（笑）。

齊藤　不是啦！中心是指AKB48那種團體的中心（笑）。

根岸　這裡有很多人願意像這樣接納、照顧我，並且指點各種迷津，讓我們新居民在這生活也更有認同感。像我們店裡的店長原本在神奈川過得悶悶不樂，來到這裡之後就像開啟了人生第二春。我認為這個地方果然擁有改變一個人的力量，並且充滿魅力。

神木　哇，說得太好了。

一般社團法人 Fisherman Japan

石巻市千石町 8-20 TRITON SENGOKU
☎ 0225-98-7071
https://fishermanjapan.com/

鶴龜之湯／鶴龜食堂

みしおね横丁（海潮音横丁）
☎ 0226-25-8834
營業時間　7:00-13:00
公休日　新年假期（另有臨時歇業的可能）
https://kesennuma-tsurukame.com

TABI NO ALBUM

旅遊相簿

宮城的豐富魅力難以三言兩語道盡，
本篇章將搭配旅程中的留影完整呈獻給您。

※書中資訊更新時間點為2022年1月份。

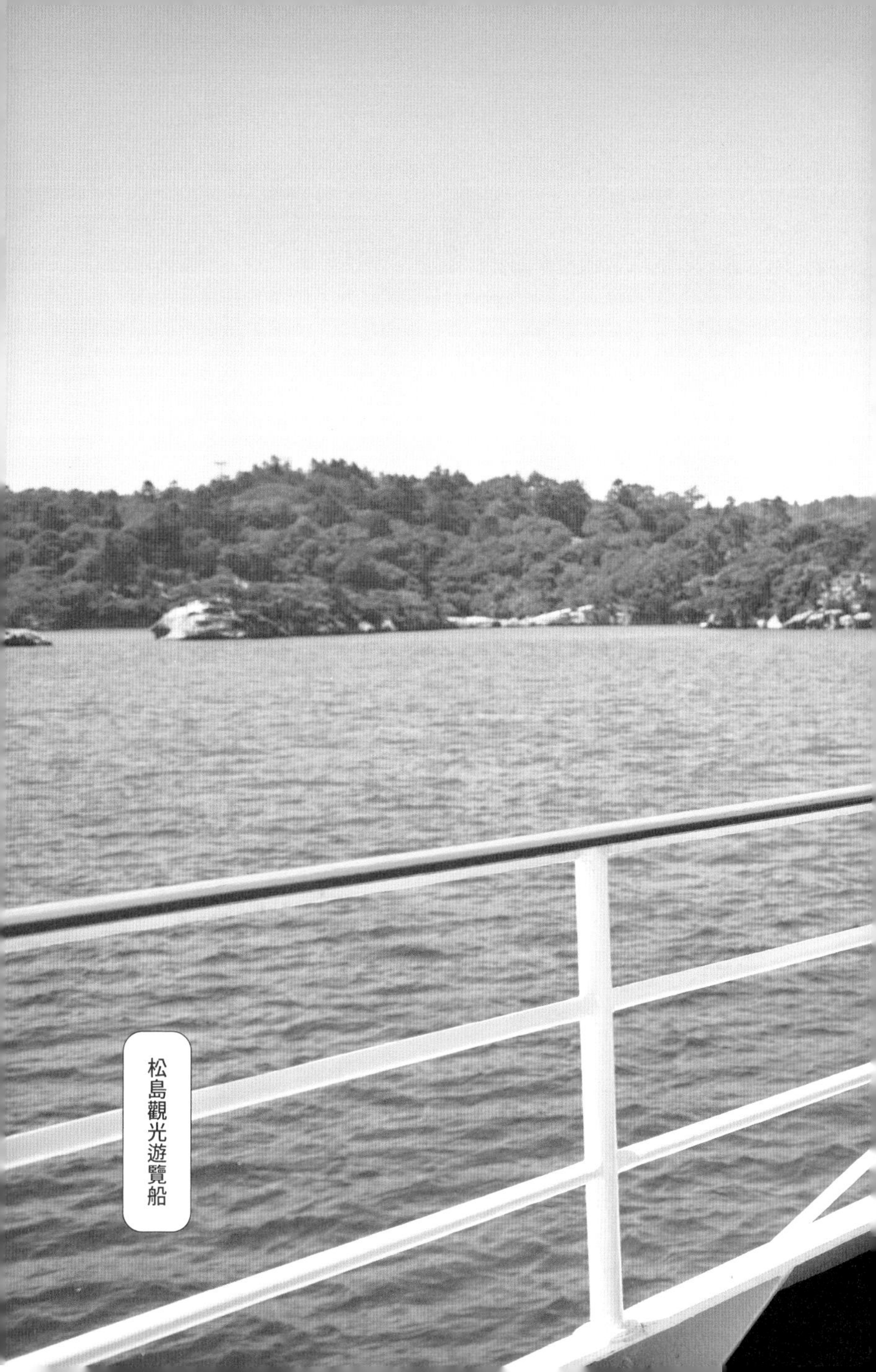
松島觀光遊覽船

矢部善之先生（丸文松島汽船）

矢部　現在可以看到正前方有片沙灘，那裡叫桂島，是一座有人島，在震災期間被稱為「奇蹟之島」。這座島嶼原本約有八十戶人家，在十公尺高的海嘯來襲後，據說大概有六成的房屋都被沖走，卻沒有任何人傷亡。

佐藤　是因為及時疏散避難嗎？

矢部　沒錯。聽說這裡的義勇消防隊分隊長經歷過昭和三十五年發生的智利大地震，當時海嘯來襲前，也先出現了水位明顯下降的現象。分隊長見狀便判斷會像那次一樣，將有海嘯來襲，於是通知全體居民逃難，把約一百五十人疏散往地勢高的島上廢校內進行避難，才讓所有人逃過一劫。

雄島

觀瀾亭

觀瀾亭
宮城郡松島町松島町内 56
☎ 022-353-3355
營業時間　8:30-17:00
公休日　無

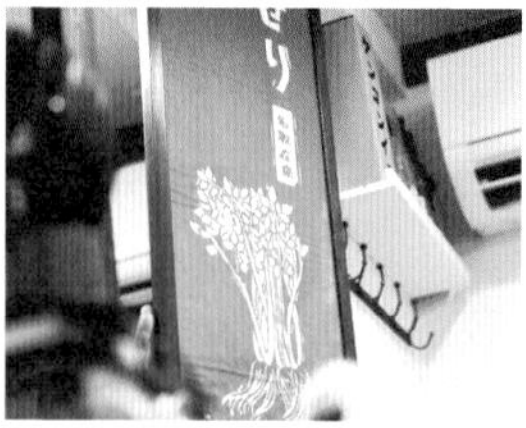

店內另有販售仙台水芹圖案
的手拭巾！

仙台水芹鍋

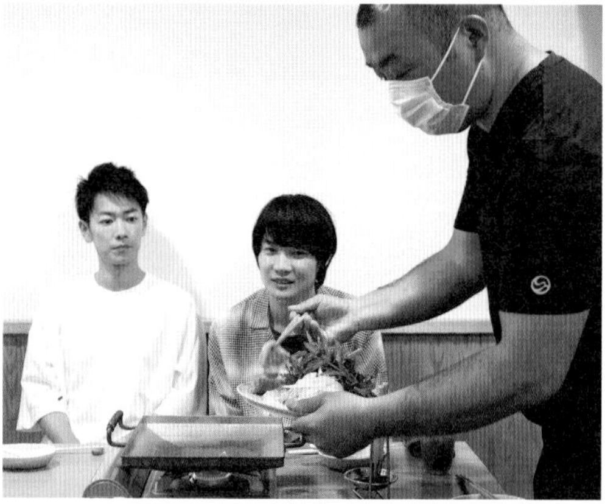

正在自家水田裡採收水芹的
三浦先生。

三浦隆弘先生（水芹農家／三浦農園）

三浦　水芹的收成期大概從十、十一月開始，一路到隔年的五月左右，很可惜現在收成接近尾聲了，最好吃的時期是在氣候回暖的三、四月。其實靠近根部的部位特別美味。

佐藤　原來根部最好吃。

三浦　對。現在這時期沒有水芹根了，冬天時仙台這裡的廚師會提供仔細清洗過的水芹根，以涮涮鍋的方式來享用。或許一般人會覺得火鍋就是要大魚大肉才澎湃，但是水芹鍋是一種減法的美味，我們當地人就是為了發揮本地蔬菜的美味，才發展出來這樣的料理方式。

佐藤　看到這樣的擺盤，裡面絕對是水芹最令我食指大動。

三浦　謝謝誇獎。

佐藤　我很喜歡蔬菜呢。

佐藤 我要開動了～嗯嗯！真好吃！

神木 超好吃的。冬天的話一定更美味。

三浦 冬天的水芹更鮮甜好吃。

神木 這個太讚了。

佐藤 可以豪邁地一次全下鍋嗎？

三浦 可以儘管下喔。想多吃點嗎？

佐藤 麻煩了。

三浦 那我幫您「追加水芹」。這個用語在我們這裡很普遍，不過大概僅限於仙台就是了。

神木 「追加水芹」？

三浦 只續水芹的意思。

佐藤 這一定要續的吧！

三浦 下次想請兩位品嘗冬季最美味的水芹鍋。

佐藤 冬天還想來耶，我對水芹根非常有興趣。

香芹義式肉腸。

兩人初次品嘗了涮海鞘。

こうめ（KOUME）

仙台市青葉区立町26-17 小野ビル 203

☎022-738-8174

@koume_sendai

營業時間　18:00-23:00

公休日　不定時（請透過電話或官方社群私訊詢問）

開明香屋

前身爲販售眼藥膏「開明香」而廣受好評的藥房，被在地人暱稱爲「開明香屋」，後來改裝的咖啡廳也沿用此名稱。

開明香屋
栗原市栗駒岩ケ崎六日町 86
☎ 090-1169-1523
營業時間　11:00-16:00
公休日　週三、四

炭火燒肉 GURA 塩釜本店＆別館

塩竈市尾島町 22-5
☎ 080-1842-9696
營業時間　17:00-24:00
公休日　週日、一

仙台名產・牛舌

肉質飽滿厚實的牛舌，讓兩人大飽口福。

宮城縣美術館

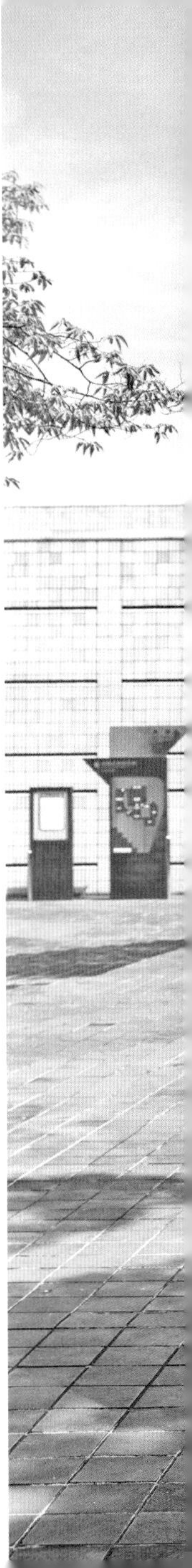

宮城縣美術館
仙台市青葉区川内元支倉 34-1
☎ 022-221-2111
開館時間　9:30-17:00
休館日　週一

由近代建築巨匠前川國男操刀設計的宮城縣美術館，也是本次旅程的探訪景點之一。

松島直秀木芥子人偶

2011年兩人來當地進行志工服務時，順路拜訪本店並受邀繪製了木芥子人偶，那時的作品目前仍放在店內展示。

松島直秀木芥子人偶　二八物土產店

松島町松島字町内80
☎022-354-3216
營業時間　9:00-17:30（3月～11月）
　　　　　9:00-17:00（12月～2月）
公休日　不定時

當年指導兩人彩繪的本村直二郎先生，很遺憾地已於2021年春天離世。目前由其兒子與孫子接手。

南三陸閃亮丼

選用當地海產做成的豪華海鮮丼，正如其名一樣閃耀動人。配料共有四種搭配，隨季節變換。

鮭魚卵丼確實晶瑩剔透，令神木看得入迷。

季節料理 志のや（SHINOYA）

本吉郡南三陸町志津川字御前下 62-4
☎ 0226-47-1688
營業時間　11:00-14:00
　　　　　17:00-21:00（最後點餐 20:30）
公休日　週三

民宿青島莊

在進行拍攝作業時，團隊租借了這間位於南三陸的「青島莊」作爲午休用。熱騰騰的味噌湯與飯糰的美味令人難忘。

來訪的這一天，正好是青島莊經歷震災後遷往高地重新開幕六週年，也是這間民宿後來在新冠疫情等影響下暫時歇業又重啟營業的首日。老闆娘表示「感受到命運的安排」。

民宿青島莊

南三陸町戸倉合羽沢 68-19
☎ 0226-46-9755

店家特地做了咖哩讓我們帶著走，方便在採訪之餘填飽肚子。

還送了炭烤麵包當土產！

石巻市區

石之森萬畫館

假面騎士1號的造型作工讓佐藤興奮不已，拿起拍立得拍攝。

美里女士的木雕工房

拍下了特別中意的柴犬。

栗田博物館

在本次採訪之旅中露出了最佳表情。

le Roman

在東日本大地震中受災而歇業的咖啡廳，2015年以新店名「le Roman」重啟營業。新開幕以來廣受喜愛，不只有觀光客來訪，當地人也時常光顧。本次在進行封面拍攝等作業時，受到店家許多關照。

拍攝當天豔陽高照，天氣非常好。

le Roman
松島町松島字犬田10-174
☎ 022-354-2778
營業時間　11:00-17:00
公休日　週二

旅程結束後

「我認為先從『已知的事』開始是很重要的」——
在本次旅途的最終站，佐藤健所拜訪的
Fisherman Japan的長谷川琢也先生留下了這句話，
也說出了我們的心聲。

正如序言所提過的，結束這段旅程後，
我們最深的感觸是「震災十年後」
這個時間點絕不是「告一段落」，
而是一個新的起點。

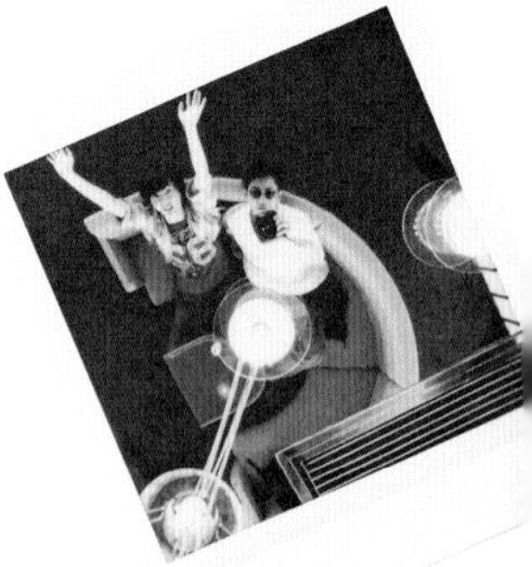

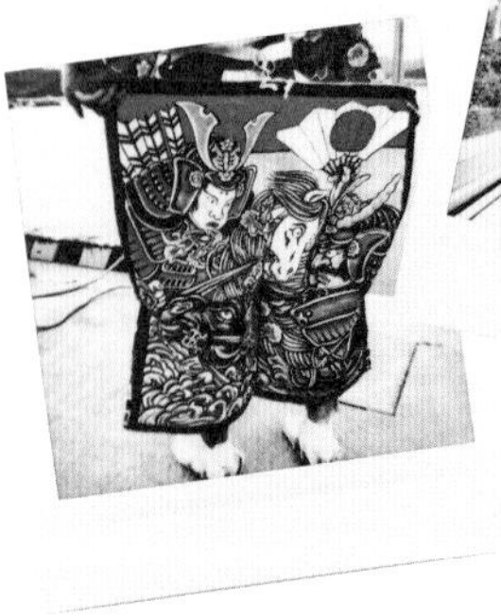

透過本書的採訪過程，我們更深入了解到
震災、漁業、農業、環境與手製工藝等各領域中，
有著過去未曾認知到的現實狀況，
有如打開了通往新世界的大門。

希望讀者朋友們看完本書後，
也跟我們有相同的感受。
但願各位能以宮城為起點，實際踏上旅程。

佐藤健
神木隆之介

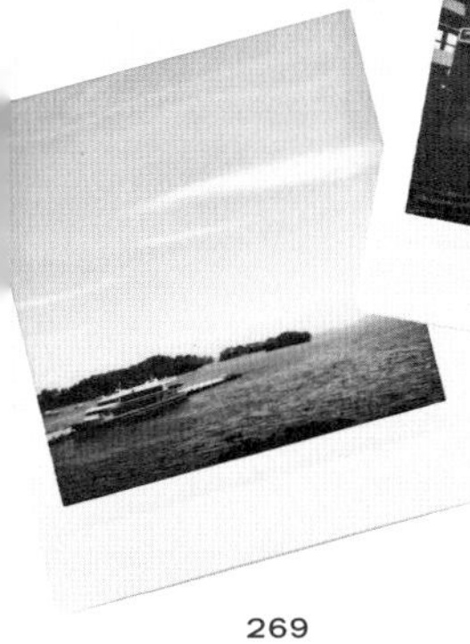

秋田方面
盛岡方面
大船渡線BRT
岩手県
秋田県
平泉町
平泉
一ノ関
一関市
大船渡線
気仙沼市
気仙沼
大島
気仙沼線BRT
本吉
南三陸町
歌津
志津川
有壁
栗原市
くりこま高原
陸羽東線
鳴子温泉
最上町
最上
新庄
奥羽本線
大崎市
有備館
岩出山
登米市
気仙沼線
柳津
三陸自動車道
加美町
西古川
古川
東北自動車道
東北本線
小牛田
涌谷町
石巻線
前谷地
大石田
山形県
色麻町
大衡村
東北新幹線
美里町
石巻市
石巻
女川町
女川
出島
江島
宮城県
村山
大和町
大郷町
東松島市
松島
松島町
松島海岸
さくらんぼ東根
天童
天童市
富谷市
仙台市
利府町
塩竈市
本塩釜
七ヶ浜町
作並
山寺
仙山線
愛子
仙台
多賀城市
仙台港
田代島
網地島
金華山
山形
山形市
山形自動車道
川崎町
名取市
名取
かみのやま温泉
村田町
岩沼
岩沼市
柴田町
太平洋
蔵王町
大河原
大河原町
亘理町
亘理
七ヶ宿町
白石市
白石
白石蔵王
角田市
角田
阿武隈急行線
丸森
山元町
常磐線
福島県
丸森町
東北中央自動車道
梁川
保原
伊達市
相馬
奥羽本線
山形新幹線
福島
札幌
苫小牧
新函館北斗
新青森
秋田
盛岡
新庄
山形
仙台
新潟
福島
上越妙高
金沢
長野
東京
出雲
名古屋
広島
岡山
神戸
新大阪
高松
博多
熊本
鹿児島中央
那覇
北海道新幹線
東北·山形·秋田·上越·北陸新幹線
東海道新幹線
山陽新幹線·北陸新幹線
九州新幹線
JR在来線
國內線航空
國內線渡輪
Access to MIYAGI

前往宮城的交通方式

飛機 → 仙台機場

出發地	時間
札幌(新千歳)	1小時5分(ANA/JAL/ADO/IBX/APJ)
成田	1小時(ANA)
名古屋(中部)	1小時5分(ANA/IBX/APJ)
大阪(伊丹)	1小時5分(ANA/JAL/IBX)
大阪(關西)	1小時20分(APJ)
神戶	1小時20分(SKY)
出雲	1小時25分(FDA/JAL)
廣島	1小時20分(ANA/IBX)
福岡	1小時45分(ANA/JAL/IBX)
沖繩(那覇)	2小時40分(ANA/APJ)

JR → 仙台站

出發地	時間
新函館北斗	約2小時40分(北海道新幹線/東北新幹線)
東京	約1小時30分(東北新幹線)
新青森	約1小時45分(東北新幹線)
盛岡	約40分(東北新幹線)
秋田	約2小時20分(秋田新幹線/東北新幹線)
山形	約1小時20分(仙山線)
福島	約25分(東北新幹線)

開車 → 仙台宮城交流道

川口JCT系統交流道	332.4km
青森交流道	347.1km
盛岡交流道	179.7km
秋田南交流道	236.1km
山形蔵王交流道	53.5km
福島飯坂交流道	67.5km

郵輪 → 仙台港

出發地	時間
名古屋	約21小時40分
苫小牧	約15小時

以上資訊更新時間點爲2022年1月，最新時刻表請自行確認。地圖爲簡略版。

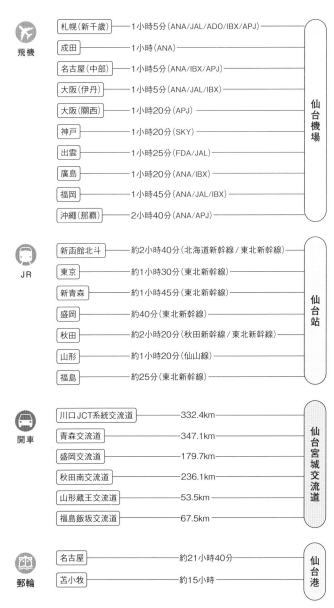

從宮城出發

佐藤健 & 神木隆之介的兩人旅行

國家圖書館出版品預行編目資料

從宮城出發：佐藤健 & 神木隆之介的兩人旅行 / 佐藤健／神木隆之介作；蔡孟婷譯. -- 一版. -- 臺北市：城邦文化事業股份有限公司尖端出版：英屬蓋曼群島商家庭傳媒股份有限公司城邦分公司尖端出版發行, 2023.04
面； 公分
譯自：みやぎから、
ISBN 978-626-356-318-6(平裝)
1.CST: 旅遊 2.CST: 日本宮城縣
731.7139 112000545

作　　者／佐藤健／神木隆之介
譯　　者／蔡孟婷

執 行 長／陳君平　總 編 輯／呂尚燁　執行編輯／丁玉霈
榮譽發行人／黃鎮隆　美術總監／沙雲佩　國際版權／黃令歡、梁名儀
協　　理／洪琇菁　美術編輯／陳碧雲　內文排版／尚騰印刷事業有限公司

出　　版　城邦文化事業股份有限公司
台北市 104 中山區民生東路二段 141 號 10 樓
電話：（02）2500-7600　傳真：（02）2500-2683
E-mail：7novels@mail2.spp.com.tw

發　　行　英屬蓋曼群島商家庭傳媒股份有限公司城邦分公司　尖端出版
台北市 104 中山區民生東路二段 141 號 10 樓
電話：（02）2500-7600　傳真：（02）2500-1979
劃撥戶名：英屬蓋曼群島商家庭傳媒(股)公司城邦分公司
劃撥帳號：50003021　劃撥專線：（03）312-4212
※ 劃撥金額未滿 500 元，請加付掛號郵資 50 元

法律顧問　王子文律師　元禾法律事務所　台北市羅斯福路三段 37 號 15 樓

臺灣總經銷　◎中彰投以北（含宜花東）楨彥有限公司
電話：（02）8919-3369
傳真：（02）8914-5524
地址：新北市新店區寶興路 45 巷 6 弄 7 號 5 樓
物流中心：新北市新店區寶興路 45 巷 6 弄 12 號 1 樓
◎雲嘉以南　威信圖書有限公司
（嘉義公司）電話／（05）233-3852　傳真／（05）233-3863
（高雄公司）電話／（07）373-0079　傳真／（07）373-0087

馬新經銷　城邦（馬新）出版集團 Cite(M) Sdn. Bhd.(458372U)
電話： 603-9057-8822 傳真：603-9057-6622

香港總經銷　城邦(香港)出版集團 Cite(H.K.)Publishing Group Limited
電話：2508-6231 傳真：2578-9337
E-mail： hkcite@biznetvigator.com

版　　次　2023年4月初版

I S B N　978-626-356-318-6